书山有路勤为径,优质资源伴你行
注册世纪波学院会员,享精品图书增值服务

小公司
直播带货操盘全案

张礼龙 · 著

未经许可,不得以任何方式复制或抄袭本书之部分或全部内容。
版权所有,侵权必究。

图书在版编目(CIP)数据

小公司直播带货操盘全案 / 张礼龙著. —北京:电子工业出版社,2024.5
ISBN 978-7-121-47978-6

Ⅰ.①小… Ⅱ.①张… Ⅲ.①网络营销 Ⅳ.①F713.365.2

中国国家版本馆CIP数据核字(2024)第109210号

责任编辑:杨洪军
印　　刷:三河市鑫金马印装有限公司
装　　订:三河市鑫金马印装有限公司
出版发行:电子工业出版社
　　　　　北京市海淀区万寿路173信箱　邮编100036
开　　本:720×1000　1/16　印张:16.25　字数:260千字
版　　次:2024年5月第1版
印　　次:2024年5月第1次印刷
定　　价:69.00元

凡所购买电子工业出版社图书有缺损问题,请向购买书店调换。若书店售缺,请与本社发行部联系,联系及邮购电话:(010)88254888,88258888。
质量投诉请发邮件至zlts@phei.com.cn,盗版侵权举报请发邮件至dbqq@phei.com.cn。
本书咨询联系方式:(010)88254199,sjb@phei.com.cn。

PREFACE
―― 序

2023年，新商业文明已走向"播商"时代。随着抖音、快手、视频号等电商平台的崛起，线下实体商家纷纷开启直播带货的商业模式，很多商业大佬、明星加入直播带货的行业。然而，流量不等于销量。有些明星的直播间人气很旺，但商品卖不出去。直播带货的受众是对商品有需求的用户，只有商品满足了用户的需求，用户才会下单。因此，主播需要拥有专业的业务能力，更需要了解用户的需求。相对于为明星买单，用户更愿意为自己信任的主播和商品买单。

然而，现实中的很多小公司老板，由于平时忙于商品销售，很少有时间研究直播带货的全流程操盘，市面上真正能自主操盘的专业人才特别少，尤其在一些相对不发达的城市。所以，很多小公司老板选择找达人、MCN（Multi-Channel Network，多频道网络）机构代播。很多MCN机构需要公司提前缴纳几万元，甚至几十万元的坑位费，商品的抽佣比例从10%到50%不等，却不保证带货的效果。

以前是一个公司养一万个员工，现在是一万个公司养一个主播，直播带货大部分的收入都被头部主播赚走了，播商时代的小公司亟须自播，小公司亟须组建一支自有直播团队，其中包括主播、运营人员、场控人员、投流人员、编导、拍摄人员、剪辑人员等。小公司老板需要通过系统化、专业化的学习，成为那个主宰自己命运的带货操盘手。

直播带货是一种科学的商业行为。当无数人都在尝试通过直播带货变现时，笔者花了3年的时间，结合自己一线直播带货的实操经验，研究直播带货变现的规律，写了这本《小公司直播带货操盘全案》。

  这是一套小公司直播带货操盘的方法论。本书可以手把手教会小公司老板如何进行直播团队的招聘、培训、绩效考核、薪酬设计和岗位职责规划，掌握直播间场景的搭建，直播的选品和组品，直播脚本、直播活动、直播话术和直播起号流程的策划，直播复盘，以及直播伴侣、巨量千川、巨量百应、抖音小店等软件的实操经验。

  通过阅读本书，笔者真心希望读者结合自身实际操作，能够真正掌握直播带货操盘的理论知识，提升直播带货操盘的实际操作能力！

  没有等出来的成功，只有拼出来的辉煌！

  祝商祺！

张礼龙
2023年11月30日于合肥

CONTENTS
目录

第1章
直播流量 — 001

1.1 直播的流量来源 — 002
- 1.1.1 公域流量 — 002
- 1.1.2 私域流量 — 004
- 1.1.3 站外流量 — 005
- 1.1.4 付费流量 — 006

1.2 直播的流量层级 — 006
- 1.2.1 场观 — 006
- 1.2.2 流速 — 006
- 1.2.3 峰值 — 007
- 1.2.4 层级 — 007

第2章
奖励推流 — 009

2.1 赛马机制 — 010
2.2 直播权重 — 012
- 2.2.1 人气指数 — 012
- 2.2.2 电商指数 — 017

2.3 直播标签 — 024

2.3.1 基本标签 026
 2.3.2 兴趣标签 026
 2.3.3 电商标签 026
 2.3.4 成交标签 027

第3章 起号机制 029

3.1 起号流程 030
 3.1.1 赛道与人设 030
 3.1.2 推流与承接 034
 3.1.3 选品与排品 037
 3.1.4 场景与话术 039

3.2 引流品憋单起号 042
 3.2.1 直播的前期准备 043
 3.2.2 直播的冷启动期 046
 3.2.3 流量承接期 046
 3.2.4 测爆款期 047

3.3 福袋抽奖起号 048
 3.3.1 福袋的分类设置 049
 3.3.2 福袋的口令设置 050
 3.3.3 福袋的发布时机 050

3.4 短视频起号 051
 3.4.1 短视频内容创作 053
 3.4.2 短视频前3秒 053
 3.4.3 用户画像 055
 3.4.4 商品使用场景 058

3.4.5	商品卖点塑造	059
3.4.6	结尾直播间导流	069
3.4.7	短视频直播引流	070

3.5 付费投流起号   070

3.5.1	小店随心推功能介绍	076
3.5.2	巨量千川功能介绍	079
3.5.3	巨量千川账号搭建优化	103
3.5.4	巨量千川素材审核机制	110

第4章 直播货品   115

4.1 直播识品   116

4.1.1	引流秒杀品	116
4.1.2	承接福利品	120
4.1.3	爆款利润品	123
4.1.4	锚点对比品	128
4.1.5	促销赠送品	129

4.2 直播选品   129

4.2.1	供应链选品	130
4.2.2	平台选品	134
4.2.3	需求选品	135
4.2.4	应季选品	136
4.2.5	节日选品	137
4.2.6	测试选品	137

4.3 直播组品   138

4.3.1	套餐组品	138

		4.3.2	活动组品	139
		4.3.3	起号组品	140
		4.3.4	品类组品	141

第5章 直播场景　143

5.1 直播场景的拆解　144
- 5.1.1 直播场景的分类　144
- 5.1.2 直播场景的作用　146
- 5.1.3 直播场景的内容　147
- 5.1.4 场景的吸引力　151

5.2 直播场景的搭建　154
- 5.2.1 实景直播场景搭建　154
- 5.2.2 绿布虚景直播场景搭建　156
- 5.2.3 创意直播场景搭建　169

第6章 直播话术　171

6.1 话术分类　172
- 6.1.1 活动话术　172
- 6.1.2 互动话术　173
- 6.1.3 讲品话术　174
- 6.1.4 打单话术　175
- 6.1.5 回评话术　176

6.2 我需要　176

6.2.1	营造使用场景	177
6.2.2	提出痛点	178
6.2.3	放大痛点	178

6.3 我喜欢   178

6.3.1	引出商品	178
6.3.2	塑造卖点	179
6.3.3	解决痛点	179

6.4 我买得起   180
    降低门槛   180

6.5 我买得值   180

6.5.1	对比价格	181
6.5.2	塑造价值	181
6.5.3	福利促销	182

6.6 我买得放心   184
    打消顾虑   185

6.7 只有现在买得值   187
    饥饿逼单   187

第7章 团队管理   189

7.1 团队架构   190

7.1.1	直播事业部	190
7.1.2	公共事业部	191
7.1.3	架构设计	192

7.2 人事管理   193
    7.2.1   人员招募   193

7.2.2　团队培训　199
7.2.3　薪酬设计　201
7.2.4　绩效管理　203

第8章 软件实操　211

8.1　直播软件　212
8.1.1　抖音App　212
8.1.2　巨量百应　217
8.1.3　抖音小店（抖店）　226

第9章 直播复盘　235

9.1　关于复盘　236
9.1.1　复盘意义　236
9.1.2　复盘角色　236

9.2　数据化复盘　238
9.2.1　互动数据　238
9.2.2　电商数据　239
9.2.3　流量数据　241
9.2.4　投放数据　243
9.2.5　短视频数据　243

9.3　营销漏斗复盘　245
五维四率　245

第 1 章

直播流量

/ 学前提示 /

随着直播行业的成熟，直播流量变得越来越稀缺。那么，如何科学地获取直播流量呢？

本章，笔者将从直播的公域流量、私域流量、站外流量、付费流量四个角度，全面解读直播的流量来源，并帮助读者建立流量层级的概念。

1.1 直播的流量来源

何谓直播间的总曝光量？直播间在用户面前展示一次，即曝光一次。所有的曝光次数累计起来，构成了直播间的总曝光量。接下来，笔者将从公域流量、私域流量、站外流量、付费流量四个角度（见图1.1），分别解读直播流量的分发机制。

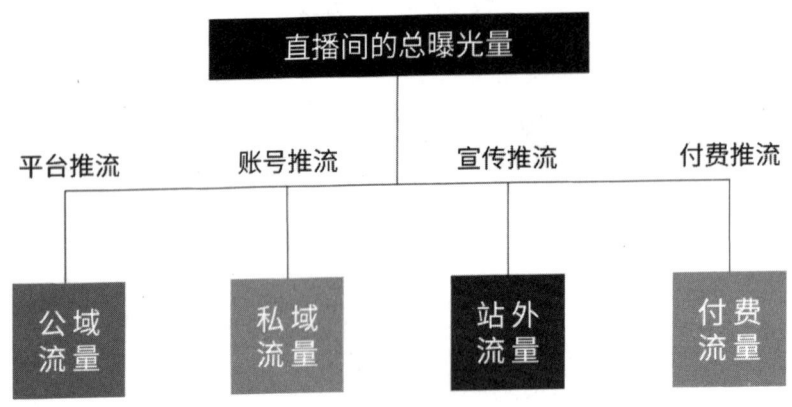

图1.1 直播的流量来源示意图

1.1.1 公域流量

顾名思义，公域流量是来自公共领域的流量。这部分流量由抖音平台将直播间推送给用户，推送方式包括直播推流、短视频推流、同城推流、卡直播广场和抖音商城推流。

1. 直播推流

直播推流分为自然推流和奖励推流。

自然推流是指当主播开始直播后，由于直播账号的基础权重，直播间在冷启动期获得平台的初始推流。

奖励推流是指主播在冷启动期很好地完成了直播间的停留、互动考核；在承接期很好地完成了直播间的转化密度、UV（Unique Visitor，独立访客)价值考核;在测爆款期很好地完成了直播间的GPM（GMV/1000，千次观看成交金额)、GMV（Gross Merchandise Volume，商品交易总额)考核,以此获得的平台的奖励流量。奖励推流跟直播间的实时排名权重有关,笔者将在第2章重点讲述。

2. 短视频推流

短视频推流是指当用户刷到了优质的带货短视频时,被短视频中分享的好物所种草,对短视频中的商品产生了需求和喜欢,从而点击短视频账号头像呼吸灯,进入直播间的推流方式。

3. 同城推流

同城推流是指主播在开启直播前,打开了直播间同城定位的功能,并挂上了"同城团购链接",抖音平台就会将直播间推送给距离主播五公里范围内的用户,以此获得的推流方式。同城频道会为用户展示同城的短视频和直播封面,如果直播封面左上角出现"直播中"三个字,用户点击该封面即可进入直播间。在同城频道,用户可以刷到同城直播间。

4. 卡直播广场

卡直播广场是指通过较好的直播推荐入口,包括同城榜、小时榜、人气榜、带货榜等获得用户流量的推流方式。小时榜、带货榜显示在直播间的左上角。用户点击小时榜可以查看全站百强、新人排行、游戏排行以及直播人气榜。小时榜按照直播间的音浪（用户送出的虚拟货币数量)进行排名;人气榜按照直播间获得人气票的总数量进行排名;带货榜按照直播间成交总金额进行排名。

在抖音搜索界面,抖音热榜中会有一个直播榜。直播榜主要按照直播间的人气进行排名,而直播间的人气主要与直播间用户的停留和互动有关。一个人气高的直播间是会得到直播榜的推流的。

所有的榜单都在整点产生,系统会在整点计算所有直播间的实时权重并进行排名，排名靠前的直播间会获得比较好的推荐位。当直播间在线峰值比较高时，如果主播选择下播，推荐机制便会给下一场的直播推送比较好的广场位置，排名靠前的直播间因此获得直播广场源源不断的推流。

5. 抖音商城推流

抖音商城推流是指当商家入驻抖音小店（简称抖店），上传自家商品，优化商品的标题、主图、详情页，并维护好抖音小店体验分后，抖音平台通过抖音商城的首页推荐、商品搜索、猜你喜欢等路径，将体验分较高的直播间推荐给用户，以此获得的推流方式。

1.1.2 私域流量

顾名思义，私域流量是来自账号私有领域的流量。这部分流量由账号将直播间推送给粉丝，直播间的流量来源包括粉丝关注、账号首页进入、粉丝列表搜索等。

1. 粉丝关注

在直播的冷启动期，主播会通过引流品引导用户关注账号，邀请用户加入粉丝团、点亮粉丝灯牌。当粉丝再次打开抖音时，平台会将已经被粉丝关注的直播间推送给他们。

2. 账号首页进入

当账号被粉丝关注后，粉丝通过账号首页的界面，点击头像呼吸灯，直接进入直播间。

3. 粉丝列表搜索

当账号被粉丝关注后，粉丝通过自己关注的账号列表，搜索主播账号昵称，点击搜索结果，直接进入直播间。

1.1.3　站外流量

如果主播想要尽可能多的用户看到自己的直播，可以采用多渠道站外宣传。宣传渠道包括品牌方公司官网、官方抖音号、微信、微博、QQ、线下实体店、电梯广告、宣传单页等。站外宣传可以让用户提前了解直播主题、优惠福利、促销活动等信息。直播间通过多渠道站外宣传，可以激发用户的看播热情。

1. 品牌方公司官网、官方抖音号宣传

针对品牌商品的直播带货，主播与品牌方签约合作，签约的报道将在品牌方公司官网、官方抖音号进行宣传，用户看到报道便进入直播间。同时，品牌方的官宣将增加商品活动的真实性。

2. 微信、微博、QQ宣传

运营人员将宠粉福利、直播时间、直播入口等信息制作成宣传文案、宣传海报、宣传视频等，营销人员将在自媒体渠道宣传推广。常见的自媒体渠道包括微信好友、微信群、朋友圈、视频号、微信公众号、QQ好友、QQ群、QQ空间、微博等。营销人员也可以邀请微信好友帮忙转发，转发信息将实现裂变，对直播预告信息感兴趣的用户会在当天进入直播间。

在直播间进行互动时，主播可以提示粉丝将直播间分享到他们的自媒体渠道，分享者只有复制粘贴直播间口令，才可以实现分享。

3. 线下实体店宣传

品牌总部可以在全国各线下实体店的门店入口展示直播预告信息，或者在门店内发放宣传单页。品牌方将直播间的宠粉福利、直播时间、直播间二维码等信息制作成展架或者单页，一些用户在被直播预告信息吸引后，自然会进入直播间。

4. 电梯广告宣传

直播公司与电梯广告公司合作，将直播预告信息制作成海报或广告视频，在电梯内投放宣传。海报或广告视频投放在成百上千个电梯间内，将形成很好的宣传效果。

5. 单页宣传

直播公司可以将宠粉福利、直播时间、直播入口等信息制作成宣传单页，并在人流量较大的区域发放。

1.1.4 付费流量

付费流量是指通过付费投流的方式获得的平台流量。投流方式包括巨量千川、小店随心推、品牌广告、巨量千川品牌广告、抖加（DOU+）。由于投放前设置了人群定向，直播间进入的人群相对精准。

1.2 直播的流量层级

1.2.1 场观

所谓场观，就是整场直播下来，累计观看直播的人数。当同一个人多次进入直播间，场观只计算一次。所以，场观是直播观看人数的总和，而不是人次的总和。场观规模越大，直播间曝光进入率越大，直播间越吸引人。

1.2.2 流速

所谓流速，就是每隔5分钟，进入直播间的人数减去离开直播间的人数。差值越大，直播间留人能力越强。

1.2.3 峰值

所谓峰值，就是在整场直播中，直播间同时在线人数最高的数值。峰值包括开播峰值和推荐峰值。开播峰值跟直播账号的初始权重有关；推荐峰值受直播中实时权重的影响，并有一定的延迟性。

1.2.4 层级

所谓层级，就是抖音平台根据直播间场观的规模，将直播间的流量划分成不同的等级。每时每刻，抖音平台都有成千上万个直播间在直播，抖音平台会根据不同直播间在直播中的实时权重，将同级别的直播间进行赛马排名。权重排名靠前的直播间，将进入更高的流量池，平台增加推流；权重排名靠后的直播间，将进入更低的流量池，平台减少推流或者不推流。

那么，流量层级怎么划分呢？

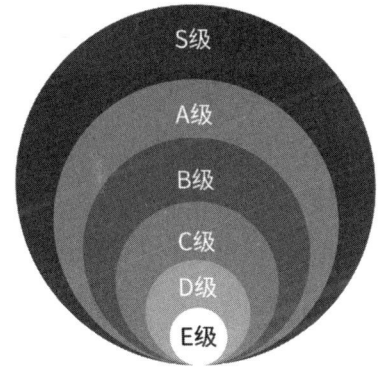

流量层级	场观
E级	百人级别
D级	千人级别
C级	万人级别
B级	十几万人级别
A级	几十万人级别
S级	百万人级别

图1.2 直播间流量层级图

根据场观的规模，流量层级分为6个等级（见图1.2）。

（1）百人级别的场观，E级；

（2）千人级别的场观，D级；

（3）万人级别的场观，C级；

（4）十几万人级别的场观，B级；

（5）几十万人级别的场观，A级；

（6）百万人级别的场观，S级。

第 2 章

奖励推流

/ 学前提示 /

直播的流量来源分为公域流量、私域流量、站外流量、付费流量。其中，公域流量、私域流量、站外流量属于免费流量。免费流量的主要来源是奖励推流。那么，抖音平台如何对优质的直播间进行流量奖励呢？

不同的直播间，获得的流量奖励有规模和质量的差异。本章，笔者将从直播权重和直播标签两个角度，讲述奖励推流的规模和质量，帮助读者理解抖音算法的底层逻辑。

2.1 赛马机制

抖音是一个去中心化的平台。每一位主播只要能激发用户潜在的购物兴趣，创造出高人气、高成交额的直播间，就会获得平台给予的流量奖励。

我们将同时段、同类目、同级别的直播间放入同一个赛道进行赛马。直播间人气的高低和直播成交额的高低，作为评判直播间优质或平庸的标准。这就好比无数匹马在同一个赛道奔跑，优质的直播间会在赛马机制中脱颖而出，获得平台更大的流量池奖励；平庸的直播间会在赛马机制中被淘汰，被减少推流或得不到平台的推流。

首次开播的直播间，由于零权重、无标签，平台会推送少量的泛流量。由于直播间没有产生互动行为和交易数据，平台没办法算出直播间需要什么样的精准人群，所以进入直播间的人群很杂。随着主播的坚持，一些用户在直播间产生了一些可以引发互动的行为，如停留、点赞、评论、转粉、转团、分享等；一些用户在直播间产生了一些可以促进交易的行为，如点亮灯牌、点击购物车、点击商品讲解卡、点击商品列表、创建商品订单、咨询在线客服、支付在线订单等。这时，直播间逐渐产生了基础权重，并出现了精准标签。等主播下一次开播时，平台就会给予直播间初始推流，推送的流量会逐渐变得精准。

然而，初始推流并不能让直播间高枕无忧。因为进入直播间的这些人群有可能留不住，所以，主播需要在直播冷启动期、流量承接期、测爆款期分别做好与人气指数和电商指数相关的各项数据，提升直播间的实时权重。平台的算法会根据直播间的实时权重对直播间进行打分、排名，排名靠前的优质直播间将获得平台更大的流量奖励。

何谓人气指数和电商指数？

人气指数是指直播间的曝光进入率、进入停留率、评论率、点赞率、转粉率、转团率、转发率等加权总和。电商指数包括电商行为指数和电商数据指数。电商行为指数包括粉丝点亮灯牌率、购物车点击率、商品讲解卡点击率、商品列表点击率、商品订单创建率以及在线客服咨询率等；电商数据指数包括成交转化率、成交密度、GPM、UV价值、GMV、OPM等。以上提到的具体内容，笔者将在下一节详细讲述。

何谓直播间的实时权重？

直播间的实时权重是指人气指数与电商指数的加权总和。笔者这里用的是加权总和，而不是总和，是因为与人气指数和电商指数相关的每一项指数并不是同等重要的。例如，在人气指数中，进入停留率比较重要，因为只有用户停留在直播间，才有可能完成其他互动行为。在电商行为指数中，购物车点击率比较重要，因为只有用户点击了购物车，才有可能产生交易行为。而在不同的直播时期，每一项指数也不是同等重要的。例如，在直播冷启动期，人气指数比较重要；在流量承接期，成交密度、UV价值、OPM比较重要；在测爆款期，GPM和GMV相对比较重要。

何谓直播标签？

直播标签分为用户标签和创作者标签。用户标签包括用户的基本标签、兴趣标签、电商标签、成交标签。用户的基本标签，即用户的身份，如年龄、性别、区域。用户的兴趣标签，即用户喜欢哪个赛道的直播间，并为此停留。用户的电商标签，即用户在哪个赛道的直播间产生了一些可以促进交易的行为，如点亮灯牌、点击购物车、点击商品列表、创建商品订单、咨询在线客服、支付在线订单等。用户的成交标签，即用户在哪个赛道的直播间购买了商品，客单价高低和交易频次。

创作者标签就是直播间标签，包括直播间售卖什么赛道的商品，直播间吸引什么样的用户，直播间让什么样的用户感兴趣并产生互动行为，直播间商品的客单价高低，直播间的直播时段等。

人气指数和电商指数的加权总和决定直播间的实时权重，直播间的实时权重决定直播间奖励推流的规模。用户标签和创作者标签的匹配决定直播标签的精准度，直播标签的精准度决定直播间奖励推流的质量。一个优质的直播间，只有同时满足推流规模的最大化和推流质量的精准化，才能在赛马机制里获胜（见图2.1）。

2.2 直播权重

直播权重是抖音平台用于判断直播间优质或平庸的一套计算方法。直播权重将直接影响抖音平台奖励推流的规模。

直播权重分为基础权重和实时权重。基础权重由历史直播的数据决定，它将影响下一场直播的初始推流；实时权重由本场直播的人气指数和电商指数的加权总和决定，它将影响本场直播的奖励推流。

2.2.1 人气指数

直播间进入冷启动期，平台会考核直播间的人气指数，如曝光进入率、进入停留率、评论率、点赞率、转粉率、转团率、转发率。人气指数较高的直播间将会获得较高的实时权重，平台给予第一波奖励推流。

1. 曝光进入率

曝光进入率=进入直播间总人数÷直播间总曝光人数×100%。直播间在用户面前展示一次，即曝光一次。直播间的总曝光人数不等于总曝光次数，同样的直播间可能会多次曝光给同样的用户，而进入直播间的总人数，即场观。一般情况下，曝光进入率8%为及格，20%为优秀。

第2章 奖励推流

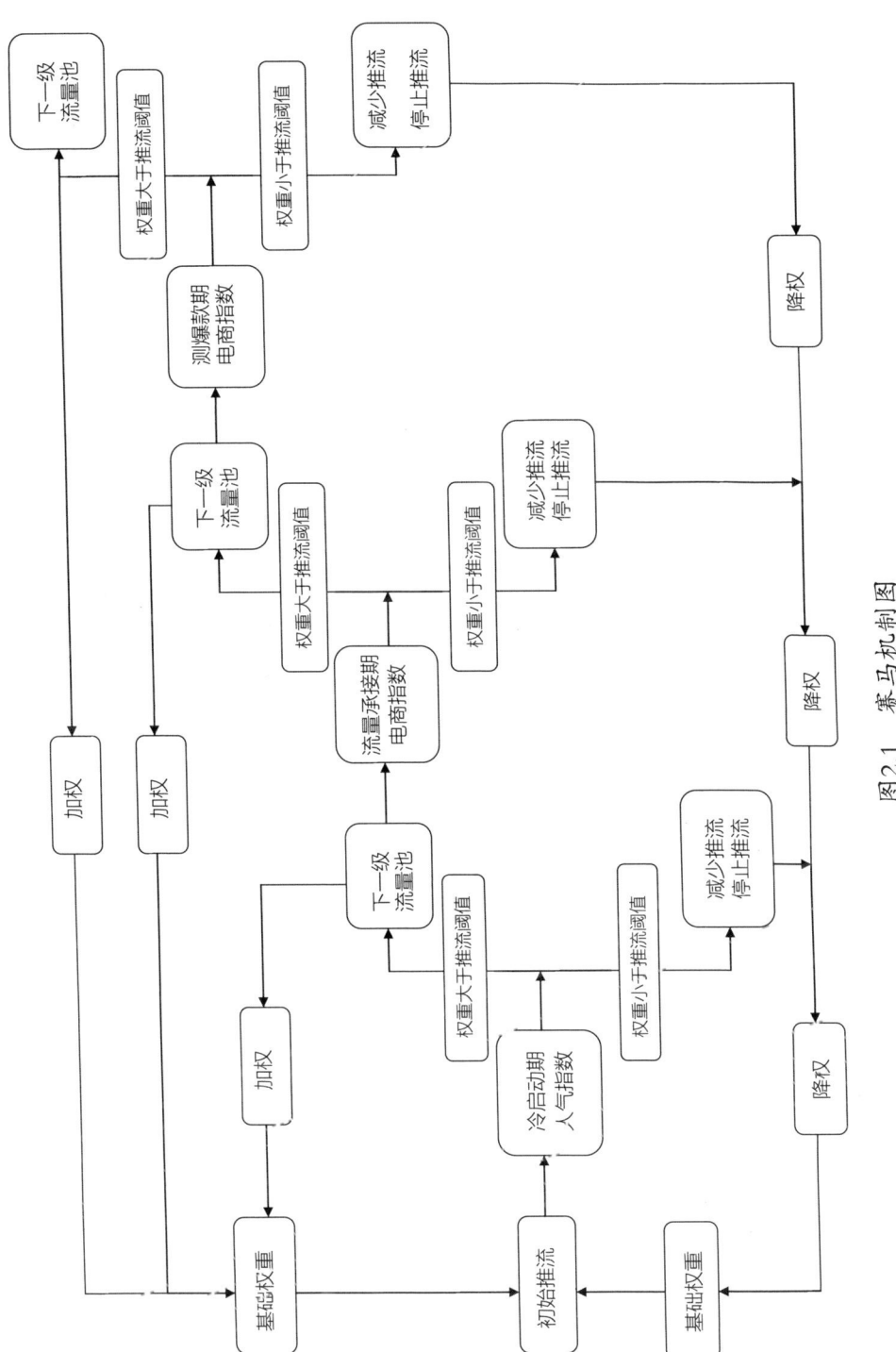

图 2.1 赛马机制图

直播间曝光在用户面前，用户需要手动点击进入直播间，用户只有进入了直播间，才有可能发生互动行为和交易行为。所以，曝光进入率在人气指数中尤为重要。一个吸引人的直播间往往会给用户带来视觉冲击力，从而吸引用户进入。而视觉冲击力跟直播间的创意场景、灯光、网速、背景音乐、主播话术、节奏、公屏福利等因素有关。这些内容笔者将在第5章讲述。

2. 进入停留率

进入停留率=有效停留时长人数÷场观×100%。一般情况下，1分钟有效停留时长为及格，3分钟为优秀。进入停留率是人气指数中权重最高的一项指数，只有用户停留在直播间，才有可能产生互动行为和交易行为。

用户选择停留在直播间，一定是产生了某种情绪冲击力，而情绪因素往往跟人的喜怒哀乐有关。关于影响用户停留在直播间的因素，笔者总结了四点，分别如下。

第一，引流品憋单拉停留。

在直播的冷启动期，主播会通过直播话术塑造引流品价值，并利用较低的秒杀价格引导用户产生购买欲望。例如，9.9元抢3只阳澄湖大闸蟹。主播适当地憋单会吸引用户在此期间停留在直播间。

第二，福袋抽奖拉停留。

通过福袋抽奖活动，用户可以抽取抖币、实物、免单等。一般用户需要等待10分钟的开奖时间，为了知晓抽奖的结果，很多参与福袋抽奖的用户会选择停留在直播间。

第三，直播内容拉停留。

观看直播的目的不一定都是为了购物。带有娱乐场景的直播间能带给用户惊喜和快乐，幽默的主播更吸引用户的停留。也就是说，一个轻松、愉悦的直播氛围更能留住人。

第四，直播互动拉停留。

通过直播互动，粉丝可以将自己的疑惑表达出来。在讲品的同时，如果主播能适当地倾听粉丝的心声和诉求，与粉丝展开一些讨论，让粉丝感到参与感、归属感、被尊重感，粉丝就会选择停留在直播间。

3. 评论率

评论率=公屏评论总人数÷场观×100%。评论率也叫互动率。一般情况下，评论率5%为及格，10%为优秀。公屏评论的前提是主播的行为与用户有关，主播通过传递价值理念，让用户产生评论的意愿。常见的引导直播间公屏评论的因素，笔者总结了四点，分别如下。

第一，对商品产生疑惑引发评论。

用户对商品产生任何疑惑都可以通过公屏向主播提问。针对用户的问题，主播和场控会及时做出解答。这种互动行为可以提升用户的购物体验。

第二，福袋口令引导评论。

直播间会通过福袋抽奖拉停留，在用户参与福袋抽奖前，除了需要关注主播，还需要在公屏输入直播口令。大量的福袋口令会刷屏直播间，同时形成羊群效应。

第三，引流品引导评论。

与前文引流品憋单拉停留的行为相似，在直播冷启动期，主播会通过直播话术，塑造引流品价值，并利用较低的秒杀价格引导用户评论。用户为了获得引流品会在公屏完成主播的评论指令。对于没有抢到引流品的用户，主播会通过下一轮的秒杀活动引导用户评论。

第四，福利活动引导评论。

主播会通过赠送用户小礼物、运费险、优惠券，发布买一赠一、满减赠送等福利活动，引导用户在公屏评论。

4. 点赞率

点赞率=直播间点赞总人数÷场观×100%。用户双击屏幕就可以参与直播间点赞。

在直播冷启动期，主播通过引流品多喊少放和周期循环憋单的形式，引导用户在公屏点赞；在流量承接期和测爆款期，主播通过福利促销的活动引导用户在公屏点赞。

5. 转粉率

转粉率=关注主播总人数÷场观×100%。转粉率也称为关注率。一般情况下，场观小于1000人的直播，转粉率1%为及格，5%为优秀；场观大于1000人的直播，转粉率2%为及格，5%~10%为优秀。关注主播总人数是指整场直播新增粉丝数。

主播引导用户关注属于私域沉淀。直播的一部分流量就来自私域，当主播开播后，关注主播的粉丝便会刷到之前关注的直播间。当用户关注主播后，他们可以私信主播，主播收到粉丝的私信会及时回复。这种带有社交属性的带货方式，既能提高用户的黏性，又能有效地留存用户。

6. 转团率

转团率=加入主播粉丝团总人数÷场观×100%。用户加入主播的粉丝团便有了身份标识。当粉丝在直播间时，他们的名字前面会有一颗小爱心，小爱心上的数字代表粉丝与主播的亲密度。当主播开播或者发布作品时，加入粉丝团的粉丝会第一时间收到通知。

如此一来，用户会被平台打上兴趣标签，平台会向用户推荐同类型的主播。一个主播的粉丝团人数越多，他的直播间的实时权重就越高。

7. 转发率

转发率=分享直播间总人数÷场观×100%。用户可以将主播的直播间分享给抖音好友，也可以分享给微信好友、QQ好友，分享到朋友圈、QQ

空间。分享者需要复制、粘贴直播间口令，才可以实现分享。

直播间被分享到第三方平台，可以获得站外流量，吸引更多的人进入。主播可以通过发起福利活动，邀请粉丝分享直播间，达到提高转发率的目的。

表2.1 人气指数分类表

分类	计算公式
曝光进入率	进入直播间总人数÷直播间总曝光人数×100%
进入停留率	有效停留时长人数÷场观×100%
评论率	公屏评论总人数÷场观×100%
点赞率	直播间点赞总人数÷场观×100%
转粉率	关注主播总人数÷场观×100%
转团率	加入主播粉丝团总人数÷场观×100%
转发率	分享直播间总人数÷场观×100%

2.2.2 电商指数

抖音直播带货的本质是兴趣电商。抖音平台将电商指数纳入考核直播权重的重要指标。电商指数包括电商行为指数和电商数据指数，电商指数是两者的加权总和。用户在直播间购物，先产生电商行为，后产生电商数据。电商行为指数包括粉丝点亮灯牌率、购物车点击率、商品讲解卡点击率、商品列表点击率、商品订单创建率以及在线客服咨询率；电商数据指数包括成交转化率、成交密度、GMV、UV价值、GPM、OPM（见表2.2）。

表2.2　电商指数分类表

一级分类	二级分类	计算公式
电商行为指数	粉丝点亮灯牌率	点亮灯牌总人数÷场观×100%
	购物车点击率	购物车点击总人数÷场观×100%
	商品讲解卡点击率	商品讲解卡点击总人数÷场观×100%
	商品列表点击率	商品链接点击总人数÷场观×100%
	商品订单创建率	商品订单创建总人数÷场观×100%
	在线客服咨询率	商品订单咨询总人数÷场观×100%
电商数据指数	成交转化率	购买总人数÷场观×100%
	成交密度	每5分钟成交单数
	GMV	商品交易总额
	UV价值	GMV÷场观
	GPM	GMV÷1000
	OPM	成交单数÷1000

（一）电商行为指数

电商行为指数是指用户在直播间产生的电商指数二级分类中电商行为指数加权后形成的数据。电商行为是指在购买商品前，用户的每一个交易行为。

1. 粉丝点亮灯牌率

粉丝点亮灯牌率=点亮灯牌总人数÷场观×100%。点亮灯牌的目的是增加主播与粉丝之间的亲密度。用户先关注主播，再加入主播的粉丝团，最后支付1枚抖币，赠送主播1个灯牌。粉丝为主播点亮灯牌可以增加100个亲密度。粉丝每天都可以赠送主播1个灯牌，如果粉丝连续3天没有赠送主播灯牌，灯牌就会熄灭。

点亮灯牌表明主播和粉丝之间建立了一种归属感。当粉丝点亮灯牌后，直播间粉丝的名字前面就会出现一个黄马甲，黄马甲的数字代表粉丝与主播的亲密度。粉丝为主播停留、点赞、评论、刷礼物、购物等行为都会折合成亲密值，记录在黄马甲里。

点亮灯牌需要支付1枚抖币。所以点亮灯牌是电商行为，不是互动行为。粉丝点亮灯牌率是电商行为指数的一项考核指标。

2. 购物车点击率

购物车点击率=购物车点击总人数÷场观×100%。购物车点击率是电商行为指数中权重最高的指数，因为用户只有点击了购物车才有可能产生交易行为。那么，哪些因素会影响购物车点击率？笔者总结了四点，分别如下。

第一，主播话术引导。

主播话术是引导用户点击购物车次数的主要因素。主播引导次数越多，用户点击购物车次数就越多。

第二，动态箭头指引。

在虚拟绿布直播间，直播间的前景时常会有动态箭头贴纸。这种动态箭头贴纸颜色明亮，指向直播间的购物车，指引用户点击购物车。

第三，场控现场演示。

直播间打单后，场控人员会使用另外一台手机或道具现场演示点击购物车的过程。道具一般采用KT板制作，KT板上会有点击购物车的放大标识。用户将在场控人员的演示下点击购物车。

第四，用户产生点击的意愿。

当主播在讲品时，会营造出用户使用商品的场景，这个场景让用户对商品感兴趣。接着，主播开始突出商品卖点，让用户喜欢这个商品。最后，主播通过放大痛点、解决痛点、降低门槛、福利促销、饥饿逼单、打消顾虑、直播打单等一系列行为，让用户产生点击购物车的意愿。

3. 商品讲解卡点击率

商品讲解卡点击率=商品讲解卡点击总人数÷场控×100%。当主播讲品时，运营人员会根据讲品时的节奏，在直播的中控台点击商品讲解卡弹屏按钮。运营人员每点击一次，商品讲解卡就会弹屏10秒。商品讲解卡弹屏的次数决定商品的曝光量，主播的话术引导将决定商品讲解卡的点击人数。

用户点击商品讲解卡，能够直接进入商品详情页，而用户点击直播间购物车，需要先点击商品列表中的商品链接再进入商品详情页。所以，设置弹屏商品讲解卡可以减少用户触达商品的步骤，有助于优化用户的购物体验。

4. 商品列表点击率

商品列表点击率=商品链接点击总人数÷场观×100%。用户点击直播间购物车会进入商品列表，当他们对某种商品感兴趣时，就会点击商品链接。那么，哪些因素会影响用户点击商品链接？

首先，主播在讲品时的话术会让用户对主播产生信任，继而使用户对商品开始感兴趣。接着，直播间的报价策略、福利活动开始吸引用户。最终，用户产生了点击商品链接的意愿。

同时，商品列表会呈现商品的标题、主图、卖点、优惠价格，这些细节都需要专业的运营人员和美术编辑共同优化。

当用户点击商品链接时，公屏会显示某用户正在购买，这个提示可以引发用户的好奇心，并调动用户的购物欲望，形成羊群效应。

5. 商品订单创建率

商品订单创建率=商品订单创建总人数÷场观×100%。在用户点击商品链接后，通常会浏览商品的详情页。商品订单创建率与用户在详情页的停留时长成反比。用户在详情页停留时间越长，考虑的因素越多，购买的意愿就越低。犹豫过后，用户可能放弃购买。那么，哪些因素会影响用户的商品订单创建率呢？

首先，只有用户对主播产生信任，对商品感兴趣才会浏览商品详情页。但是，如果用户不能接受商品价格，或者对商品的质量和售后心存顾虑，就会导致用户放弃购买。因此，主播应该与其他购物平台进行比价，主动降低价格门槛，赠送优惠券，让用户觉得自己买得实惠。同时，主播要打消用户的顾虑，可采取的策略包括买贵包退、赠送运费险、找明星代言、销量见证、好评见证、媒体报道、专利背书等。最终，用户觉得买得值，买得放心，才会产生创建订单的意愿。

同时，美术编辑要设计出吸睛的商品主图、商品详情页，商品主图、商品详情页一定要精美、清晰，给人一种视觉冲击力。商品详情页的内容要包含商品的核心卖点。

另外，用户会在线咨询商品的物流、售后、质量等问题，直播客服团队一定要及时回答用户的问题。售前客服的回复速度、专业性、满意度，最终会影响商品订单创建率。

6. 在线客服咨询率

在线客服咨询率=商品订单咨询总人数÷场观×100%。当用户对商品的物流、售后、质量等存在疑惑时，一般会选择在线咨询。

抖音飞鸽对客服的考核时间是早上8点至晚上11点，包括周末和节假日。直播间需要保证在考核时间内客服是在线的。如果客服不能及时回复，平台就会判定飞鸽不服务，导致店铺体验分降低。

关于抖音飞鸽的客服设置，笔者建议如下。

（1）在消息设置中开启声音和弹窗提醒。

（2）开启机器人全自动接待模式，利用机器人回复一些基础性问题。

（3）开启咨询未下单催单功能。功能开启后，对于咨询未下单的用户，系统会自动在有效时间内催单。

（4）开启下单未支付催单功能。功能开启后，对于拍单后未支付的买家自动催单。

（5）开启自助核对地址功能。用户付款后，自动下发订单的地址信息，便于用户核对并修改地址。

（6）开启签收关怀功能。

（二）电商数据指数

用户在直播间付款后，平台会产生一系列电商数据。这些数据的加权总和就是电商数据指数。

1. 成交转化率

成交转化率=购买总人数÷场观×100%。成交转化率与流量规模、流量质量、选品、主播话术有关。

首先，成交转化率与直播间的流量规模有关，流量规模越大，成交转化率相对越高。成交转化率也与流量质量有关，直播间流量越精准，说明流量质量越高，成交转化率也相对越高。

其次，成交转化率与直播间的选品有关。前文提到，抖音直播带货的本质是兴趣电商，兴趣电商的核心是选品。在直播冷启动期，引流品选得好，运营人员放单后可以快速秒杀。在流量承接期，福利品选得好，主播能快速承接流量。这样，直播间会因高成交密度、高UV价值得到平台的奖励推流。在测爆款期，爆款利润品选得好，直接关系到整场直播的成交转化率。

然而，成交转化率还与主播话术有关。专业的话术能将非刚需品转化为刚需品，获得用户的信任，打消用户的顾虑，提高用户对价格的接受度，最终创造出较高的成交转化率。

2. 成交密度

成交密度是指每5分钟成交单数。成交密度相当于流量的有效利用率。成交密度跟直播间商品的客单价有很大关系。一般情况下，低客单价的成交密度相对较高，高客单价的成交密度相对较低。

在直播冷启动期，主播通过活动话术引导用户停留和互动，获得平台的第一波奖励推流。然而，平台给予直播间流量是以变现为目的的，如果主播不能承接这波流量，直播间将很快被湮没。

在流量承接期，主播需要通过福利品实现第一波奖励流量的转化。成交密度是平台考核的重要指标之一，主播能否很好地转化第一波奖励流量，直播间成交密度能否达到考核要求，将直接决定平台是否给予第二波奖励推流。

3. GMV

GMV是指商品交易总额，即直播间整场直播中累计成交的商品交易总额。GMV与直播间的流量规模、流量质量有关；也与直播间选品、客单价、主播话术有关。

一般情况下，直播间的流量越大，标签匹配越精准，商品的客单价、性价比越高，主播话术越专业，直播间的GMV就会越高。

4. UV价值

UV价值=GMV÷场观。UV价值表示每个人平均能产生多少成交金额，即单个用户在直播间的贡献价值。UV价值越高，用户在直播间的付费意愿越强，流量的价值就会越高。一般情况下，低客单价（售价小于39元）的直播间，UV价值为0.7；高客单价的直播间，UV价值为1~3。

UV价值与直播间的客单价、转化率有关。一般情况下，直播间客单价越高，成交转化率越大，UV价值就越高。

5. GPM

GPM=GMV÷1000。GPM是指千次观看成交金额，即平台给直播间每推送1000个人，直播间成交的商品交易总额。GPM可以用来评估直播间流量的价值。

有的直播间基础权重比较大，所以直播冷启动期的初始推流比较大。而冷启动期大部分成交的商品为引流品和福利品，商品成交总金额比较小，所以GPM相对较小。

当直播进入测爆款期时，流速相对降低，直播间大量成交爆款利润品。商品交易总额逐渐提升，GPM的数值也逐渐提高。

6. OPM

OPM=成交单数÷1000。OPM是指千次观看成交单数，即平台给直播间每推送1000个人，直播间成交的商品交易订单数。

OPM与直播间流量的精准度有关。一般情况下，当直播间通过短视频引流、巨量千川引流、抖音小店商城搜索引流时，进入直播间的人群比较垂直，流量比较精准，人群的购买意愿比较强，直播间的OPM相对比较高。

OPM也与直播间的标签有关。直播间在经历了冷启动期，积累了大量的互动数据、成交数据后，平台为直播间打上了标签。直播间的初始推流、奖励推流都会开始变得精准，这样，直播间的OPM将会提升。

2.3 直播标签

直播标签分为用户标签和创作者标签。用户标签表示用户的身份；创作者标签，也叫直播间标签，表示创作者创作内容的定位。

当用户和创作者都被打上标签时，平台才知道如何进行标签匹配。标签匹配的内容包括用户喜欢什么样的直播内容，并会在哪种类型的直播间停留、互动和交易；直播间内容会吸引什么样的用户，使他们在直播间停留、互动和交易。经过标签匹配的直播间的流量会比较精准。因此，直播标签决定平台推流的质量。

一个新开播的直播间是没有被打上标签的，平台不知道直播间需要什么样的用户，推送的流量大都是泛流量。在开播一周左右，直播间会积累大量用户数据，如停留、互动和交易的数据，平台会根据这些数据，逐渐为直播间打上标签。这个过程叫作直播间"打标签"。

在直播起号前半个小时，直播间可以使用小店随心推付费引流。由于引入直播间的流量比较精准，直播间打标签的时间会比自然流起号的时间短。同时，如果前期成交了大量的引流品和福利品，直播间就会被打上低价标签。低价标签吸引的用户大多是"羊毛党"，"羊毛党"很难产生高客单价成交数据。

在直播起号后半个小时，直播间可以使用巨量千川付费引流。精准的付费流量可以帮助直播间产生高客单价成交数据。随着高客单价成交数据越来越多，直播间吸引的低客单价人群会越来越少。这个过程叫作直播间"洗标签"。

直播标签可分为基本标签、兴趣标签、电商标签和成交标签（见表2.3）。

表2.3　直播标签分类表

标签分类	内容分类
用户标签	基本标签
	兴趣标签
	电商标签
	成交标签
创作者标签（直播间标签）	基本标签
	兴趣标签
	电商标签
	成交标签

2.3.1 基本标签

从用户的角度来说，基本标签包括用户的年龄、性别、区域、网络、平台等。从创作者的角度来说，基本标签指的是直播内容会吸引哪一类人群。

根据用户在平台的注册信息，平台会先为用户打上基本标签；根据直播间用户停留的数据，平台会为直播间人群进行用户画像，并再次打上基本标签。当用户与创作者的基本标签相匹配时，直播间的流量会变得精准。

2.3.2 兴趣标签

兴趣标签包括用户兴趣标签和创作者兴趣标签。

从用户的角度来说，兴趣标签即用户曾在某一类的直播间停留、评论、点赞、转粉、转团和分享时，平台会认为用户对这一类的直播间感兴趣，便为用户打上兴趣标签。例如，母婴人群包、珠宝人群包、直播知识学习人群包等。

从创作者的角度来说，兴趣标签即直播内容曾吸引某一类用户产生有效停留、评论、点赞、转粉、转团和分享的行为。平台会为创作者打上兴趣标签。例如，母婴直播间、珠宝直播间、直播知识学习直播间等。

当用户与创作者的兴趣标签相匹配时，直播间的互动会越来越多，人气指数也会越来越高，但用户不一定进行消费。他们可能只是喜欢这一类型的直播间，或者对这一类型的直播商品感兴趣而已。

2.3.3 电商标签

从用户的角度来说，电商标签指的是用户在直播间产生了电商行为。例如，粉丝点亮灯牌、点击购物车、点击商品讲解卡、点击商品列表、创建商品订单、咨询在线客服等，平台为用户打上的标签。用户被平台打上电商标签，表明用户对直播间的商品产生很大的兴趣，很有可能会购买商品。

从创作者的角度来说，电商标签指的是直播内容会促使某一类型的用户产生电商行为。例如，粉丝点亮灯牌、点击购物车、点击商品讲解卡、点击商品列表、创建商品订单、咨询在线客服等。

当用户与创作者的电商标签相匹配时，直播间的意向购买用户会越来越多，直播间的电商行为指数也会越来越大。

2.3.4 成交标签

从用户的角度来说，成交标签指的是用户购买的商品类型、商品客单价、用户的购买频次等。例如，其用户经常在珠宝类直播间购买20元以下的珠宝。

从创作者的角度来说，成交标签指的是直播间卖过商品的类型、商品客单价、直播间的开播频次等。例如，某珠宝类直播间经常卖出20元以下的珠宝商品。

当用户与创作者的成交标签相匹配时，直播间的精准成交人群会越来越多，直播间的电商指数会越来越大，商品的成交转化率也会越来越高。

第 3 章

起号机制

学前提示

直播间起号机制是基于抖音平台的底层逻辑，研究出如何打造高人气、高成交额、高利润直播间的一套方法。

本章将会讲述直播间起号的具体流程。从直播间的赛道与人设、推流与承接、选品与排品、场景与话术四个方面分析一个直播带货新号成功起号的原因。本章也将讲述常见的起号方法：引流品憋单起号、福袋抽奖起号、短视频起号、付费投流起号。

3.1 起号流程

起号流程指的是一个直播带货新号如何做起来的过程。起号不是单纯的引流，引流只是起号的开始。那么，一个直播带货新号如何成功起号？笔者将从赛道与人设、推流与承接、选品与排品、场景与话术四个方面来讲述。

3.1.1 赛道与人设

丑小鸭变成白天鹅的主要原因是丑小鸭具备白天鹅的基因。直播带货的基因是赛道，一个直播带货新号能否成功起号，实现可持续盈利的最核心的要素就是选择赛道。所谓赛道，就是主播选择的具体带货品类。直播带货的前提是获得陌生人的信任，而人设决定了陌生人对主播的信任。

1. 直播赛道

俗话说："男怕入错行，女怕嫁错郎。"有时候，选择大于努力，直播带货也如此。在创业初期，主播选择一个相对蓝海的赛道会事半功倍。

当今社会，很多带货赛道非常内卷。例如，女装、美食、家居等。但一些赛道中很多商品领域的头部主播较少。例如，美妆赛道中的美甲、假睫毛、染发膏；保健赛道的钙片、膏药、艾草系列商品等。这些商品的毛利润特别高，非常适合付费投流起号。

通过抖音直播创业的人很多，但是能真正成功的人并不是很多。很多人看到别人的成功会盲目地跟风。殊不知，别人能成功是因为他们拥有长期的粉丝积累，精准的直播间标签，强大的人设以及在粉丝心中不可动摇的地位，强大的供应链以及对抖音电商选品敏锐的市场洞察力。所以，别人成功的赛道不一定适合初创的你。

这里，笔者给即将开始抖音直播创业的朋友四条建议，分别如下。

第一，选择小众赛道商品更容易成功。这些商品在淘宝、拼多多等传统电商平台卖得很好，在抖音却没有多少人在卖。我们可以借助像蝉妈妈、抖查查、快选品、飞瓜数据、考古加这样的平台，查询这些商品目前在抖音平台的销售情况。

第二，选择毛利润很高的赛道商品更容易赚钱。这些商品存在信息差，具备供应链的特殊性、高认知价格、低采购成本等特点。用户对这些商品的价格接受度会比较高，同时，较大的利润空间有利于直播间进行活动促销。另外，由于商品具有较大的利润空间，直播间在开播时可以选择小店随心推和巨量千川单品起号。这样，平台可以为直播间快速打标签，直播间将拥有不错的成交转化率。一旦商品爆单后，直播间将会直接产生几十万元甚至几百万元的GMV，直播团队可以快速实现利润增长。

第三，选择一个尾货回收的赛道可以活得很滋润。举个例子，笔者有个朋友，夫妻二人共同直播带货创业。他们平常主要卖30～50元的女装。笔者的朋友主要负责进货、发货、运营、售后等；朋友的爱人主要负责直播。他们每天的直播间会成交几千件衣服。有一次，笔者好奇地问朋友："你们卖的女装价格这么低，加上付费投流、日常开支，应该挣不到多少钱吧？"朋友跟我说："卖的所有女装都是上一个年度全国市场的库存或者尾货。我以5～10元的单价回收，在直播间卖30～50元，每天卖出几千件，怎么会挣不到钱呢？"笔者听后瞬间明白，原来生意可以这样做。笔者不是建议大家都这样做，但这种商业模式，这种经营思维，值得我们思考。

第四，如果单品类选品比较困难，大家可以考虑全品类选品。全品类商品直播间拥有从低到高的价格，适合不同消费能力的人群。同时，全品类商品满足大部分人群的需求，容易做直播数据，直播间容易获得较高权重，得到平台的奖励推流。

2. 主播人设

在起号初期，主播人设非常重要。主播人设包括主播的身份、性格特点、口头禅等。主播的身份是指主播的职业、地位。例如，工厂老板娘、空姐、黄梅戏演员、歌手、医生、教授、专家等。主播的性格特点包括搞笑幽默、谨言慎行等。主播的口头禅能让人产生很深的记忆点。

那么，主播人设对直播起号有什么作用？

举个例子。有这样一场直播，直播间的场景设置在工厂的仓库，仓库里全部是皮鞋，主播的身份是工厂的老板娘。这样的直播场景以及主播的身份很容易为用户营造如下共识。

（1）商品属于源头直销，砍掉中间商差价；

（2）商品价格实惠，老板娘亲自直播，优惠力度大；

（3）商品质量有保障；

（4）直播间活动真实，值得信赖。

最终，整场直播产生了几百万元的GMV。很多粉丝都觉得买得值并关注了主播，主播也成功吸粉了好几万人。这就是主播人设对直播带货的影响。

笔者总结了直播带货常见的六种主播人设，分别如下。

第一种，源头工厂型人设。

一般情况下，这种人设的直播间场景会搭建在仓库或者生产车间，给人一种真实感。商品源头直销，砍掉中间商差价，用户感觉商品的性价比高。由于源头直销，商品的质量有保障，用户感觉买得放心。

第二种，老板或老板娘型人设。

很多直播间的老板或老板娘亲自参与直播。在直播过程中，主播与粉丝讨价还价，最终，老板或老板娘临时拍板，同意直播间的优惠请求。用户因为商品的高性价比以及对老板或老板娘的信任，选择下单。

第三种，专业型人设。

直播间常见的专业型人设有授课老师、设计师、营养师等。因为主播能给粉丝带来专业知识，所以他们很容易成为该领域的KOL（Key Of Leader，关键意见领袖）。粉丝信任主播，直播间的变现能力自然非常强。

第四种，挑战权威型人设。

这种人设站在粉丝利益的角度，吐槽品牌方的缺点，公开揭秘行业黑幕。这种人设能赢得粉丝的深度信任，粉丝会感觉主播很真实，很靠谱，他们很愿意在直播间购买商品。

第五种，创业者人设。

这种主播通常选择返乡创业。有些粉丝喜欢主播放弃安逸的生活，不怕失败，选择吃苦奋斗、重新创业的精神，主播的故事打动了粉丝，所以愿意支持主播，从而在直播间购买商品。

强人设的主播不仅可以提高直播间变现的效率，而且可以提高直播间变现的天花板。粉丝觉得主播靠谱，值得信任，他们便愿意在主播的直播间购买商品。但如果通过一件事情使粉丝认为主播的靠谱是装出来的，主播便会面临人设崩塌。

综上所述，在抖音直播带货创业初期，创业者一定要选择合适的赛道，千万不要盲目地跟风。创业者初期选择一个毛利润高，在抖音平台处于小众赛道的商品更容易成功。同时，主播一定要打造具有特定记忆点的人设。主播通过分享好物，介绍自己难忘的经历，展示自己鲜明的性格，表达自己充满正能量的观念，可以让粉丝对自己形成一种特定的记忆点，对自己产生信任，这代表了主播的人设在变强，强大的人设对直播带货起号的作用非常大。

3.1.2 推流与承接

推流的本质是让直播间得到更多的曝光。直播间如何才能获得更多的曝光？

1. 直播推流

在公域流量中，流量的一个主要来源是直播推流。直播推流包括自然推流和奖励推流。

在直播的冷启动期，平台给予的初始流量是泛流量，而且流量规模有限。主播需要通过塑造引流品的价值，以限时、限量购，并适当地憋单的形式，引导用户在直播间进行停留和互动。当直播间产生不错的电商数据时，平台会给予第一波奖励推流。所以，在直播的冷启动期，主播不是为了卖引流品，而是利用引流品作为钩子，吸引用户的停留和互动，以此撬动更多的流量。同时，这些电商数据促使平台为直播间打上精准的基础标签和兴趣标签。

在流量承接期，主播需要利用第一波奖励推流卖出福利品。福利品具备高性价比以及保本或者微盈利的特点。所以，在流量承接期，主播不是为了卖福利品，而是利用福利品相对较高的客单价洗标签。主播在通过完成流量承接期UV价值、成交密度的数据考核后，撬动平台给予第二波奖励推流。同时，这些电商和数据促使平台为直播间打上精准的电商标签和成交标签。

在测爆款期，主播需要利用直播间的精准标签、用户的信任以及较高的流量峰值卖出利润品。一旦平台测出了爆品，直播间将产生几十万元甚至几百万元的GMV。同时，这些电商数据将进一步促使平台为直播间打上电商标签和成交标签。由于直播间成交的都是正价商品，所以非常有利于账号的垂直化和标签的精准化。

2. 短视频推流

在公域流量中，流量的另外一个主要的来源是短视频推流。短视频推流包括上热门推流和付费推流。

短视频上热门推流是指账号发布了优质的内容，为用户带来了独特的价值，短视频获得了较高的完播率、点赞率、评论率、收藏率和分享率，平台给予短视频较高的流量池奖励。上热门推流的过程包括介绍商品的使用场景、强卖点、极致的性价比、福利活动等，直击用户痛点从而吸引用户点击账号的头像呼吸灯，进入直播间。通过这种方式进入直播间的人群通常非常精准，他们看播的目的也很明确，大部分都为了下单而来。

短视频付费推流是指账号在巨量千川或小店随心推投放引流量，使更多的精准人群刷到短视频，从而进入直播间的推流方式。投手设置人群定向，其中包括用户基础定向、徕卡定向、达人定向、DMP人群包定向，搭建推广计划。推广计划审核通过后，用于推广的短视频将得到平台的流量推广。

不管是短视频上热门推流还是短视频付费推流，短视频的结尾都要引导用户点击头像呼吸灯进入直播间。

3. 站外推流

顾名思义，站外流量就是除抖音以外的流量。在直播起号推流中，站外推流的作用不可小觑。

举个例子。某连锁品牌中餐店在全国有1000多家门店。在今年的6·18购物节期间，品牌方在直播间推出了团购套餐券，团购套餐券包括1元秒杀蒸鸡蛋、3.9元秒杀纯正老母鸡鸡汤等，在直播期间，直播间每隔10分钟设置福袋抽取免单一次。在直播前，该品牌方就在其官方微博、微信公众号、抖音官方账号官宣了这次活动，引起了很多粉丝的关注。同时，品牌方在全国1000多家门店的入口制作了宣传展架。展架向门店内的顾客公示了直播时间、直播入口、直播间的福利活动等信息。在门店内，品牌方制作了宣传单页，并发放给前来消费的顾客。品牌方还要求全国1万多名员工在自己的朋友圈为此次直播活动发布预告，并邀请好友转发点赞。在6·18购物节当天，该品牌方直播间场观突破5000万人，在线峰值突破100万人，当天直播间GMV突破500万元。

以上例子说明，站外推流是很好的起号方法。通过线上和线下私域流量的转化，将站外流量导入直播间，最后引导用户在直播间集中成交订单。

吸引用户从站外进入站内需要一个钩子，那就是用户在直播期间能得到什么好处。所以，在直播预告时，一定要设计一些福利活动，设置一个令用户好奇的悬念，例如，直播间空降某神秘大咖嘉宾。

4. 付费推流

抖音的付费推流包括在巨量千川、小店随心推和抖加（DOU+）投放流量。巨量千川主要在电脑端投放，而小店随心推和抖加（DOU+）主要在手机端投放。巨量千川的功能最强大，它包含小店随心推和抖加（DOU+）的所有功能。小店随心推比较适合新账号的起号初期，它可以帮助直播间快速打标签并给短视频预热。在账号直播的冷启动期，根据直播间的用户画像，投手会在小店随心推创建用户的年龄、性别、区域、兴趣爱好等基础标签，并将直播间推广目标设置为进入直播间。在流量承接期和测爆款期，直播间会选择在巨量千川进行投放。投手将推广目标设置为直播间成交，这样，在直播前的半个小时，小额、多笔的随心推投放，单次预算几百元就可以快速拉升直播间的开场流量，直播间也会被打上精准标签。在直播后的半个小时，巨量千川可以快速让直播间产生高客单价成交订单，并快速提升直播间成交转化率和GMV。同时，直播间会被打上精准的电商标签和成交标签。抖加（DOU+）主要适合非营销类的短视频投放，笔者在此不做讲述。

5. 流量承接

有人认为，直播带货产生的流量越多越好，流量越多，成交的概率越大。其实，这句话不全对。笔者认为，直播间的流量，就像一个人的财富一样，当财富与智慧、德行、能力不匹配时，可能给人带来灾难。古人云："德不配位必有余殃。"

在直播的冷启动期，主播通过用户的停留和互动撬动平台给予更大流量池的奖励。在流量承接期，如果没有高性价比的福利品，没有很好的主播话术，直播间的UV价值、成交密度达不到平台的考核标准，主播无法承接平台的奖励推流，直播间将被淘汰，账号会很快被湮没。在测爆款期，如果主播无法转化承接期撬动的流量，直播间不能满足平台对GMV、GPM的考核标准，主播没能卖出更多的利润品，直播间也会被淘汰，账号也会被湮没。

以上就是笔者认为流量并不是越多越好的原因，直播间的流量规模与主播的承接能力相匹配才最好。

自然流起号的直播间，如果直播间采用双主播制，当其中一位主播不能很好地承接流量时，另外一位主播就可以快速替代承接。

付费投流起号的直播间，当直播间流量拉升得很快时，如果主播不能很好地承接这部分流量，投手就要及时地关闭投放计划，操盘手就要及时地做出调整。

3.1.3 选品与排品

选品的好坏直接关系直播起号的成败。直播间的商品大致可以分为引流品、福利品、利润品、对比品、赠送品。每一种商品对全场直播起号的作用各不相同。

1. 引流品

引流品一般会出现在自然流起号中。引流品必须具备高价值，低成本，并被大部分人熟悉和喜欢的特点，否则，引流品就不具备足够的吸引力，用户也不会听从主播的行动指令。直播间不能只做低价秒杀活动，适当选适当高价的引流品有助于直播间筛选优质用户。因为只做低价秒杀的直播间会被平台打上低价的标签，这样平台为直播间推送的大部分用户都是羊毛党，而羊毛党很难接受正价销售的商品。

2. 福利品

福利品一般会出现在流量承接期。主播通过引流品撬动第一波奖励推流，接下来通过福利品承接这波流量，直播间以此完成平台对UV价值、成交密度的考核。一场直播通常会设置多个福利品。福利品需要具备高性价比，价格介于引流品与利润品之间，以保本或者微盈利为主。这样既可以提高粉丝的忠诚度，又可以为利润品稍高的价格做铺垫。当多个福利品被推出时，直播间的流量可能会下跌，这时，主播需要及时推出引流品拯救下跌的流量。多个福利品需要在直播间进行测品，经过一轮福利品测品后，销量比较好的福利品可以再次返场。

3. 利润品

利润品一般会出现在测爆款期。当直播间满足以下三个条件时，主播便可以推出利润品。

第一，直播间的流量峰值达到全场直播的相对最高值。

第二，在直播的冷启动期和流量承接期，直播间完成了大量的人气互动和福利品成交订单，并被平台打上精准标签。

第三，直播间营造出一种值得信任的氛围。

当多个利润品进行测品时，直播间的流量可能会下跌。我们可以采用以下两种方法拯救下跌的流量。

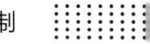

第一，运营人员通过发福袋拯救下跌的流量。福袋可以是实物福袋，也可以是抖币福袋。福袋的开奖时间是10分钟，很多用户为了等待开奖的结果会选择在直播间停留。

第二，主播再次返场引流品拯救下跌的流量。经过7天的测品后，如果运营人员发现有一款呈螺旋形上升的利润品成交数据，那么这款利润品就是直播间的潜能爆品。经过30天的测品后，如果运营人员发现有一款呈螺旋形上升的利润品成交数据，那么这款利润品就是直播间的日常爆品。

4. 对比品

对比品用于为利润品设置一个价格锚点。直播间通过高客单价的对比品凸显利润品的优惠的做法可以提高用户对价格的接受度。同时，对比品可以拉升直播间的档次。但是新粉一般很少购买对比品，老粉才会购买。

5. 赠送品

当利润品价格较高又不方便降价时，主播可以推出买一赠一的活动，即买利润品送赠送品。

例如，"直播间拍1号链接（正价女装）送2号链接（羊绒围巾）"。如果粉丝不喜欢正价女装，可以选择退货，留下羊绒围巾。同时，主播会为下单前30名的粉丝每人赠送一份运费险。

3.1.4 场景与话术

一个好的直播间场景在直播起号中起到以下两点作用。

第一，吸引用户进入直播间。

第二，吸引用户在直播间停留。

直播起号时的直播话术需要具备专业性、营销性、真诚性的特点。直播话术要有一定的节奏，在整场直播起号过程中，好的直播话术会起到以下三点作用。

第一，提高用户在直播间的停留次数和互动次数。

第二，提高整场直播的成交转化率。

第三，打造主播的靠谱人设，赢得粉丝的信任。

1. 直播场景

众所周知，就算平台给直播间再多的奖励流量，只会将直播间推送到更多的用户面前。直播场景必须具备足够的吸引力，带给用户视觉冲击力和听觉冲击力，才会吸引用户进入直播间。一个直播间得到平台的奖励推流只会增加直播间的曝光次数，而一个吸引用户的直播场景决定了用户进入直播间的次数。对直播起号来说，曝光次数和用户进入直播间的次数缺一不可。同时，一个好的直播场景直接影响用户在直播间的停留时长。

那么，哪些场景因素影响用户的进入和停留？笔者总结了如下七点。

第一，直播间的光线一定要明亮耀眼，不能黯淡无光。直播间要配置环形美颜灯、球形补光灯、主光灯、辅光灯、轮廓灯、背景灯等。灯光效果需要专业的灯光师调试。

第二，直播间的网络一定要流畅，不能造成直播画面的卡顿和延迟。主播可以选用5G网络或带宽网速不低于50M的网络。如果带宽网速不给力，卡顿和延迟的直播画面将给用户造成不好的体验，导致用户离开直播间。

第三，一个优质的直播间一定要让用户在两秒内识别出主播卖的是什么。直播间的商品种类一定要明确，要让用户能快速判断自己对商品是否有需求。

第四，如果是绿布虚拟直播间，运营人员可以将秒杀品、福利品、优惠券、买一赠一、满减赠送、福袋抽奖、抽免单、赠送运费险、无理由退货等信息制作成悬浮贴片，通过直播伴侣软件悬挂在公屏的背景图上。

这些信息会吸引用户进入直播间，进入直播间的用户如果对这些信息感兴趣，会选择停留在直播间。

第五，在直播起号过程中，主播要始终坚持传递信心，转移情绪。除了要非常熟悉商品，还要坚信商品可以帮助用户解决痛点。当主播内心充满正能量和爱的时候，一种发自内心的自信将油然而生。主播既要有自己的直播节奏，又要适当地回复公屏上用户的问题，但不能因为回复问题而打乱直播的节奏。

第六，充满创意的直播场景拥有一种吸引力，使用户充满兴趣和好奇。场景中新颖奇特的元素让用户产生视觉冲击力和情绪冲击力。视觉冲击力将决定直播间的曝光进入率，情绪冲击力将决定用户的进入停留率。

第七，直播间可以添加一些背景音乐。合适的背景音乐可以活跃直播间的气氛。在直播大促期间，很多头部主播的直播间播放着激昂的音乐，这样可以营造出一种抢购的氛围。如果新起号的直播间不知道如何选择背景音乐，笔者建议使用一些音乐App中的"听歌识曲"功能，参考对标直播间的背景音乐。

2. 直播话术

直播话术的本质是销售话术。常见的直播话术：活动话术、互动话术、讲品话术、打单话术、回评话术。

在直播的冷启动期，主要的直播话术为活动话术和互动话术。活动话术主要包括主播自我介绍、品牌介绍、引流品介绍、直播初衷介绍等。主播通过自我介绍塑造人设，通过引流品介绍塑造引流品价值，向用户发出行动指令，提升直播间的人气。主播的活动话术和互动话术能够直接撬动平台的推流奖励，并决定着直播在冷启动期的成败。

在流量承接期和测爆款期，直播间的主要任务是卖出福利品和利润品。主播通过讲品话术营造商品的使用场景，用户根据主播的描述判断该商品是否为自己的刚性需求。用户的痛点有多痛，市场的需求就有多大。为了进一步挖掘用户的需求，主播会刻意放大用户的痛点，如果有一款商品刚好能解决用户的痛点，那么它必然被用户需要，如果此商品同时具备足够的卖点，那么它必然被用户喜欢。如果商品质量好、卖点多是用户喜欢的条件，那么商品价格便宜、优惠力度大，用户买得起、值得买才是"王炸"。主播可以通过在各大平台进行商品比价，抛出高价格锚点，然后"高开低走"。这种报价策略使用户觉得自己"占了便宜"。同时，主播通过商品的销量见证、好评见证、媒体报道、明星代言、荣誉资质、不满意退货等商品描述主动打消用户的顾虑，通过"限时""限量""限库存""限地点"等话术营造紧张感、稀缺感和错过恐惧感。这种饥饿逼单的方式能促使用户冲动下单。最后，主播与场控共同打单、喊倒计时，运营人员放单、报库存，整场直播的操作充满了营销思维，也顾及了消费者的心理。

3.2 引流品憋单起号

引流品也叫秒杀品。在直播的冷启动期，主播先引入引流品，通过塑造商品的高价值、低价格向用户发出行动指令，再适当地憋单，最后，直播间将获得比较理想的用户停留和互动数据。直播间的实时权重会得到提升，平台会给予直播间奖励推流。

但平台给予直播的奖励流量是追求回报的。在流量承接期，主播需要将这些流量转化，这个阶段，平台的考核指标是直播间的成交密度和UV价值。主播需要卖更多福利品以获得平台再次给予的奖励推流。

直播间的终极目标是成交大额订单。所以，在测爆款期，平台的考核指标就是GMV和GPM了。主播需要在这一阶段测出爆品，最终实现大额成交订单。

下面，笔者将从直播的前期准备、直播的冷启动期、流量承接期、测爆款期四个方面，拆解引流品憋单起号的过程。

3.2.1 直播的前期准备

引流品憋单起号的前期准备一共分为六点：招募与培训、直播场景搭建、账号操作定位、选品与组品、使用场景与卖点、直播脚本策划。

1. 招募与培训

一般情况下，直播间有操盘手、主播、运营人员、场控人员、客服、投流人员。

（1）操盘手主要负责管理整个直播间的各项事务。

（2）主播主要负责日常直播与短视频拍摄。

（3）运营人员主要负责一场直播的主播人设定位、账号搭建、选品组品、直播脚本策划、直播场景搭建、中控台操作、直播复盘等。

（4）场控人员主要负责直播间样品陈列、样品递接、用户互动、直播打单、清理黑粉、公屏控评、提醒打单引流、替代直播等。

（5）投流人员主要负责巨量千川、小店随心推、抖加（DOU+）平台的计划搭建、盯盘、调整、复盘等。

2. 直播场景搭建

直播场景搭建包括直播间装修，设备调试，风格定位，商品陈列等。直播间装修要考虑面积大小、隔音效果。设备调试包括环形美颜灯、球形补光灯、直播电脑、直播声卡、主播麦克风、直播摄像头、直播绿布等调试。直播风格主要从主播人设、商品品类、消费人群等角度综合设计。

3. 账号操作定位

直播账号需要进行实名认证。抖音直播带货需要挂小黄车，小黄车的商品主要来自两个渠道：精选联盟、主播自己的抖音小店。如果主播准备卖自己的商品，一定要申请开通抖音小店；如果主播想把自己卖的商品展示在账号的首页，可以申请开通商品橱窗。企业账号开播需要申请官方蓝V认证。

抖音小店的体验分直接影响直播间是否被限流。按照体验分的范围，笔者将抖音小店分为三个等级。

第一等级的体验分在4.72~5分（85~100分），等级为优秀。这样的店铺在直播时会优先得到平台的奖励推流。

第二等级的体验分在4.42~4.72分（70~85分），店铺被平台轻微限流。

第三等级的体验分在4.42分以下（70分以下），店铺被平台中高度限流。平台会判断此店铺为垃圾店铺，此店铺的直播间很难拿到优质流量。

抖音小店体验分达到70分才允许进入精选联盟，允许活动报名，账期结算周期为T+4。体验分达到80分，才允许广告投放。

直播账号的定位包括行业定位、内容定位、商品定位、用户定位和人设定位。行业定位指的是直播账号所属的赛道和领域；内容定位指的是直播账号打造的内容范围；商品定位指的是商品橱窗、短视频内容涉及的商品，小黄车销售的商品品类；用户定位指的是带有特定标签的直播间人群，标签包括用户的年龄、性别、区域、兴趣爱好等；人设定位指的是主播通过直播和短视频塑造的人物身份和标签。

4. 选品与组品

直播间商品主要分为引流品、福利品、利润品、对比品和赠送品。选品人员可以在精选联盟选品，也可以去线下供应链区选品。选品人员需要亲自把控商品的质量、厂家供货能力、售后服务等问题。

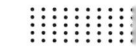

5. 使用场景与卖点

主播对商品使用场景的描述能够让用户判断该商品是否为自己的刚性需求。常见的使用场景元素包括使用角色、使用地点、使用场合、使用时间、使用季节、使用心情。

商品的卖点元素包括外观、原材料、制作工艺、口感、新鲜程度、价格、数量、使用方法、情怀等。

6. 直播脚本策划

直播脚本策划主要包括直播主题脚本、时间节点规划脚本、直播活动脚本、直播话术脚本、直播投放脚本、直播复盘脚本。

直播主题脚本主要为直播活动的理由，如首播、主播生日、工厂清仓、周年庆、新品上市等。直播主题脚本能够营造出吸引用户停留的场景。

时间节点规划脚本包括直播时段的设计，如直播的冷启动期、流量承接期、测爆款期；直播时间节点、直播时长的设计；不同环节的主播、运营人员、场控人员具体执行的任务。时间节点规划脚本能够规划出主播直播的节奏。

直播活动脚本包括设置直播间优惠券、买一赠一、满减赠送、满减优惠、福袋抽奖以及限时、限量、限库存、限地点等方式的活动。直播活动脚本能够让直播间的用户有种凑热闹的心理。同时，由于直播间的紧张感、稀缺感、错过恐惧感，用户将做出非理性的抢购行为。

直播话术脚本包括活动话术、互动话术、打单话术、回评话术等。通过直播话术脚本，主播向用户发出行动指令，用户接收到一种情绪冲击会在直播间停留和互动，他们打消了心理顾虑，相信直播间活动的真实性，接受了较高价格的利润品，并觉得自己买得值。

直播投放脚本包括投放小店随心推和巨量千川的时段、目的、预算、搭建计划、素材创作、效果测试等。直播投放脚本能够让平台快速为直播间打上精准标签，并给予奖励流量，测爆款期的直播间可以稳定地拥有利润品成交订单。

直播复盘脚本指的是在直播结束后，操盘手安排每个岗位的人员进行自我复盘。操盘手带领大家对直播间数据进行分析，数据包括观看人次、平均在线时长、新增粉丝、弹幕总数等，以此判断直播间商品的转化，观众的消费水平，主播的拉新、互动、留存能力，主播的流量承接、转化能力。通过直播复盘脚本，直播间将得到更好的优化。

3.2.2　直播的冷启动期

在直播的冷启动期，主播需要进行四步操作。

第一步，塑造引流品高价值、低价格的特点。

第二步，通过对引流品限时、限库存、限地点的饥饿逼单方式营造直播间的紧张感、稀缺感和错过恐惧感。

第三步，主播向用户发出行动指令，如点赞、评论、转粉、转团、点亮灯牌、分享直播间等。

第四步，主播适当地憋单。

通过以上四步操作，主播将直播间的用户停留时长、互动数据拉升到较高点。平台根据较高的人气指数，赋予直播间较高的实时权重，较高的实时权重使直播间在赛马机制里脱颖而出，从而撬动平台给予直播间奖励推流。

3.2.3　流量承接期

在流量承接期，主播利用平台奖励的第一波流量，卖出福利品。卖出福利品真正的目的是什么？笔者总结了以下五点。

第一，直播间通过卖出较多的福利品被打上电商标签和成交标签。

第二，由于在直播的冷启动期卖出的引流品价格较低，直播间被打上了低价标签，通过卖出较高客单价的福利品，直播间可以洗标签。只有将低价标签洗高，成交标签才能吸引高消费能力的用户，直播间才能卖出更高客单价的利润品。

第三，在流量承接期，由于直播间成交了大量的福利品，成交数据可以满足平台对成交密度、UV价值的考核标准。直播间较高的电商指数可以提升直播的实时权重，从而撬动平台给予直播间更多的奖励推流。

第四，福利品以不赚钱或者微盈利为主。福利品的性价比较高，用户在直播间感受到价格的优惠，进一步对主播充满信任。

第五，福利品的价格比引流品高，比利润品低，主播通过卖出福利品为继续卖价格较高的利润品做铺垫。

福利品需要测品，直播间一般会准备四到六款福利品，当其中一款福利品卖得不好时，直播间流量会急速下跌，此时，主播需要拿出一款引流品来拯救下跌的流量，运营人员可以通过发福袋的方式拯救下跌的流量。

在直播间的多款福利品中，并不是每一款都卖得很好，直播复盘数据可以判断出爆款福利品，爆款福利品是可以返场的。

3.2.4　测爆款期

在测爆款期，主播需要准备多款利润品。利润品分为潜能爆品和日常爆品。潜能爆品是需要被测试的，潜能爆品连续7天的销量数据是呈现螺旋形上升的。

在很多直播间，主播一旦销售利润品，直播间的流量就急剧下跌。那么，什么时机销售利润品比较合适？笔者总结了如下三点。

第一，利润品要在直播间被打上精准标签时开始销售。利润品一般价格较高，直播间的用户必须有足够的消费能力以及对该利润品有需求。直播间要成交多笔高客单价的订单，才会使成交标签变得精准，这样，平台才会推送更加精准的潜在客户，当直播间被打上精准标签时，主播就可以销售利润品了。

第二，利润品要在赢得用户信任时开始销售。利润品要具备让用户需要、喜欢，觉得买得起、买得值，而且只有今天才买得值的这些特点。只有具备了以上特点，用户才会下单。所以，在打单利润品之前，主播务必营造出商品的使用场景，将非刚需品转化为刚需品，找到用户痛点，并放大痛点。利润品只有具备极强的卖点以及解决用户痛点的特点，才能让用户喜欢。最后，主播要通过打消用户顾虑、饥饿逼单、活动促销等方式，赢得用户的信任。当直播间取得了用户的信任时，主播就可以销售利润品了。

第三，利润品要在直播间流量达到峰值时开始销售。只有直播间的流量达到峰值时，才有爆单的可能。当直播间流量急剧下跌时，主播可以通过引流品来救场，也可以通过发福袋来救场。总之，当直播间在线人数最多时，主播就可以销售利润品了。

3.3 福袋抽奖起号

福袋抽奖起号是指主播将商品图片或抖币放入福袋，用户参与福袋抽奖，主播利用用户等待开奖的时间销售利润品的过程。福袋开奖的时间一般是10分钟，为了等待开奖结果，很多用户会在直播间长时间停留。因为用户的停留和互动所产生的电商数据使平台给予直播间较高的实时权重，从而撬动了奖励推流。主播可以抓住这10分钟开奖时间，进行福利品和利润品的销售。

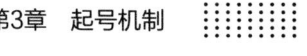

接下来，笔者将从福袋的分类设置、福袋的口令设置、福袋的发布时机三个方面讲解福袋抽奖起号。

3.3.1 福袋的分类设置

福袋抽奖的本质是直播间的一种营销方式。设置福袋抽奖可以增加直播间粉丝团的粉丝量，延长用户的停留时间，以及卖出更多利润品。那么，福袋的分类有哪些？我们如何进行福袋设置？

1. 福袋的分类

直播间福袋分为三类：抖币福袋、实物福袋、超级福袋。

抖币福袋没有发布门槛，实物福袋需要直播账号粉丝量达到10万才可以解锁，超级福袋分为商家版和带货达人版。

超级福袋的商家版需满足两个条件：等级为L2级及以上和体验分为4.4分及以上的创作者；抖音账号需要绑定抖音官方店铺。超级福袋的带货达人版需满足两个条件：等级为L2级及以上和体验分为4.4分及以上的"非人店一体"带货达人（包括店铺授权号）；等级为L2级及以上和体验分为4.4分及以上的跨境、免税的"人店一体"达人。

2. 福袋的设置

抖币福袋设置包括人均可得抖币、可参与对象、可中奖人数、可参与方式、倒计时等。福袋可参与对象包括所有观众或仅粉丝团。倒计时一般设置为10分钟。

实物福袋设置包括福袋奖品、可中奖人数、可参与范围、可参与口令、倒计时。福袋可参与范围包括所有观众或仅粉丝团。

超级福袋设置主要包括以下五点。

第一，福袋里可以放实物，实物指的是橱窗里的商品和商品图片。

第二，平台不限制福袋的发放数量。

第三，领取条件可设置成粉丝团等级为L1～L8级中的特定一级用户。例如，若粉丝团等级为L6级则可以领取饮水杯。这样有利于提升用户在直播间加入粉丝团的动力。

第四，中奖条件可以设置为看播任务。即用户在直播间看播多长时间才可以领取福袋。这样有利于延长用户在直播间的停留时长。

第五，福袋的开奖时间可以自由设置。

3.3.2 福袋的口令设置

参与福袋抽奖的方式可以为口令参与，即直播间用户在公屏打出口令。福袋口令设置的作用有以下三点。

第一，强调主播人设。例如，口令为"主播的课程干货十足！"，这表述了主播很专业的人设。

第二，形成直播间抢购的氛围。口令在弹幕中刷屏可形成羊群效应，新进直播间的用户会产生从众心理。例如，口令为"活动很真实"。

第三，引导用户关注主播。福袋参与范围可以设置为"仅粉丝团"，也就是说，用户必须先关注主播，再加入粉丝团，才能参与福袋抽奖。

3.3.3 福袋的发布时机

福袋的发布时机有以下五点。

第一，刚开播的5～10分钟。这时候，直播间会有一波初始推流，主播通过发福袋延长直播间用户的停留时间，提高用户的互动指数，以此来撬动平台的奖励推流。

第二，福袋开奖的时间一般是10分钟。主播需要在这10分钟内销售商品，以此承接这波流量。最终，主播完成了平台对成交密度、UV价值、GMV等数据的考核，直播间获得了平台的奖励推流。

第三，投流人员在小店随心推投放流量之后15～20分钟。这时候，直播间开始进入精准流量，运营人员通过发福袋吸引用户的停留，同时，福袋开奖期间能够为主播争取更多的讲品和打单时间。

第四，当主播推出福利品或利润品时。这时候，直播间的在线人数会急剧下跌，运营人员可以通过发福袋拯救下跌的流量。

第五，主播下播前。直播间通过福袋可以提高在线人数，当直播间在线人数比较高的时候，如果主播选择下播，平台就会给主播的下一次直播推送更多的初始流量。

3.4 短视频起号

笔者在讲本节内容前，先给大家举两个短视频起号的例子。

案例一

"朋友们，你们看，我家的围墙外面就是祖国最大的沙漠——塔克拉玛干沙漠。在这一墙之隔的旁边，就是我们两口子开垦的一片核桃园。我是一名沙漠守护者，你们很难想象，这里曾经是风吹沙子跑，满地不长草的死亡之海。我们硬是在这里坚守了20年，让这片沙漠变成了绿洲。这些核桃树不仅起到了防风固沙的作用，还是我们家主要的经济来源。你看我种的核桃，它的皮像纸一样薄，里面的果肉非常饱满，吃到嘴里满口酥香。如果屏幕前的你喜欢这样好吃又好剥皮的核桃，来我直播间，只要几十块，我给你满满一大箱。"

案例二

"你现在听到的声音效果是这款无线领夹麦克风录制的。我们现在离直播手机远点，声音是不是依旧很清晰？它的有效录制距离长达20米，续航达到10小时以上。

> 现在我们把麦克风拔下来，直接用手机录制，看看会有什么问题。我们走远一点，发现录制的视频声音越来越小，而且附近的噪声越来越多。这款无线领夹麦克风是即插即用的，不需要在手机上额外安装App。这是插在手机上的接收端，你可以选择苹果接口或者安卓接口。麦克风的侧边有一个按键，我们快速连按三下可以开启混响功能。这款无线领夹麦克风非常适合直播唱歌，声音效果非常不错。如果你刚好需要买一款比较好用的无线领夹麦克风，你来我直播间，几十块钱包邮给你。"

第一个案例，宏伟的沙漠场景，朴实的沙漠守护人的人设吸引我们看下去。皮薄易剥的纸皮核桃，解决了普通核桃不易剥开的痛点。核桃果肉饱满，口感满口酥香，产地直销，价格便宜等卖点让用户喜欢这款商品。视频里皮肤黝黑的果农，在极端恶劣的环境下种植果树，并坚守了20年。果农不仅保护了祖国的环境，而且通过自食其力，养活了一家人，这种场景让用户产生一种创业不易的情感共鸣。最后，短视频引导用户进入直播间购买，实现了短视频引流。

第二个案例，使用和不使用无线领夹麦克风对比，声音由大变小，噪声由无到有，巨大的场景反差吸引我们看下去。麦克风有效录制距离长，续航时间久，使用方便，价格便宜等卖点让用户喜欢这款商品。演员通过塑造商品的使用场景，将商品由非刚需品转变成刚需品，使用户产生需求。最后，短视频引导用户进入直播间购买，实现了短视频引流。

通过以上两个案例，笔者总结了如下五点短视频起号的规律。

第一，短视频前3秒会给用户一种视觉冲击力或让用户产生一种情绪共鸣，吸引用户看下去。

第二，短视频中的人物、拍摄场景以及情节脚本是完全按照商品的用户画像打造的。

第三，短视频通过营造商品的使用场景，描述商品的痛点，使用户产生刚性需求。

第四，短视频通过介绍商品独树一帜、出类拔萃的卖点，使用户喜欢该商品。

第五，短视频通过一个钩子信息（如价格优惠、产地直销等）引导用户点击账号头像呼吸灯，进入直播间。

3.4.1 短视频内容创作

大家是否发现，粉丝对于关注账号的要求越来越高，账号获得粉丝关注的难度越来越大。即使粉丝在直播间关注了账号，如果账号的内容不能持续带给粉丝价值，粉丝就会取关账号。

很多人认为，就算账号零粉丝、零作品，照样可以直播带货。笔者不认同这个观点。笔者认为，零粉丝、零作品的账号无法持续。如果账号中没有短视频，或者短视频的内容不能带给用户价值，那么如何让粉丝对主播产生信任？优质的带货短视频内容可以将精准流量引入直播间，一旦短视频上了热门，直播间将会获得无数的精准流量。即使短视频上不了热门，运营人员也可以通过巨量千川、小店随心推为短视频精准投流。以这种方式进入直播间的流量，会变得更加精准。直播间拥有了更多的精准流量以后，爆单将变得更加容易。

3.4.2 短视频前3秒

短视频能否上热门？平台对短视频有一项重要的考核指标：短视频前3秒跳出率。用户每天会浏览大量的短视频，如果短视频内容的前3秒不能吸引用户看下去，那么短视频的完播率必定很差。如果短视频得不到很好的完播率，那么它的点赞率、评论率、收藏率、转发率等指标必定受到很大影响。最终，短视频很难在赛马机制中进入平台更大的流量池，短视频便很难上热门。

那么，哪些因素影响短视频前3秒的跳出率？笔者总结了如下十点。

第一，前3秒就看到壮观新奇的场景。如博主的豪车豪宅，奢侈生活的场景；化妆间高级精致的美妆场景；户外制作美食的场景；满身绫罗绸缎的富婆以及琳琅满目的珠宝的场景；打包工被堆积如山的玩具小车包围的场景；一望无际的塔克拉玛干沙漠的场景。

第二，前3秒就看到具有反差的场景。如环境反差：身材极好的老板娘穿着精致的旗袍，在工地搬砖的场景；形象反差：猛男跳甜妹舞的场景，美女在农村开拖拉机的场景；行为反差：老爷爷穿潮流服装的场景，大猩猩在动物园抽烟的场景；性别反差：男人穿上旗袍和高跟鞋，动作妩媚的场景；场景反差：舞蹈团在超市跳舞的场景，小姐姐在篮球场化妆的场景；道具反差：小杨哥和杨父拿着铁锹闯进房间，没想到杨母拿着超级大的铁锹，瞬间吓退小杨哥和杨父的场景。

第三，前3秒就看到具有诱惑力的标题场景。如9.9元抢3只阳澄湖大闸蟹。

第四，前3秒就产生好奇心的话术。如"如何从180斤瘦到90斤，看完这条短视频，你会轻松找到答案""我教大家读3个99%的中国人都会读错的汉字""这5条母乳喂养知识，99%的宝妈都会忽略""我2020年从体制内辞职，如何靠直播带货，赚到了人生的第一个100万元"。

第五，前3秒就听到有价值的话术。如"3个方法，教会你如何让直播间在线峰值突破1000人""了解奔驰车的这4个通病，肯定能给你省很多钱""学会避免这5个装修大坑，能让你省下几万元"。

第六，前3秒就听到反认知的话术。如"其实马路上大部分开奔驰的人都在负债""其实朋友圈每天晒幸福的人都很缺爱"。

第七，前3秒就听到欲擒故纵的话术。如"姐妹们，千万别买我家衣服，我怕你买了，会有很多人找你要同款链接""大家千万不要来我家餐厅，我怕你来了就吃撑了"。

第八，前3秒就听到欲扬先抑的话术。如"我们家店铺的装修实在太土，但是店里的美食味道真是一绝"。

第九，前3秒就听到痛点共鸣的话术。如"你家的孩子是不是也不爱学习？""你用的防晒霜是不是也没有效果？"。

第十，前3秒就听到趋利避害的话术。如"接下来我将为你揭秘房地产行业没人敢说的真相。如果你没看完这条视频，下一个被坑的就是你。"

以上十点，笔者最终归纳为两点：视觉冲击力、情绪冲击力。这两点才是影响短视频前3秒跳出率的关键因素。

第一，视觉冲击力。无论是壮观新奇的场景，还是具有反差的场景，整体的画面都让用户产生一种视觉冲击力，这种视觉冲击力决定了用户的进入停留率。

第二，情绪冲击力。所谓情绪因素，与人的喜怒哀乐有关。从诱惑力、好奇心、有价值，再到反认知、欲擒故纵，最后到欲扬先抑、痛点共鸣、趋利避害，这些无不调动着人的情绪。这种情绪冲击力决定了短视频的完播率。

3.4.3 用户画像

为什么短视频起号要研究用户画像呢？带货短视频区别于其他短视频，它的创作目的是通过短视频的内容让用户对商品产生需求，喜欢商品，从而引导用户进入直播间购买。

所以，我们要搞清楚，我们的用户是谁？用户有什么特点？用户的需求是什么？用户的痛点是什么？用户喜欢的商品特性是什么？只有搞清楚这些内容，才能进行短视频内容创作。而这些内容，就是用户画像。用户画像所涵盖的因素，笔者总结了如下六点。

第一，用户的年龄。

用户的年龄范围分为18~23岁，24~30岁，31~40岁，41~49岁，以及50岁以上。我们针对销售的商品判断用户的年龄范围。根据用户的年龄范围，编导会策划短视频的拍摄场景，确定短视频演员的年龄和人设；根据用户的年龄范围，运营人员会精准选定投流账号的年龄范围。

第二，用户的性别。

我们要分析短视频中这款商品是卖给男性的还是卖给女性的。一般女装、美妆、家居、母婴、亲子类的赛道商品，女性用户偏多；男装、酒水、紫砂壶、体育、汽车、户外类的赛道商品，男性用户偏多。一般来说，女装类的带货短视频要选择身材好的女演员，美妆类的带货短视频要选择肤白貌美的女演员。如果商品是爸爸家居服，那么投流的人群应该是女性，而不是男性。因为女性更有可能为自己的丈夫、父亲购买家居服。但是，平台真的会按照用户的真实性别与我们投流时选定的用户性别相匹配吗？

关于用户的性别，有一个比较深层次的算法问题。平台不会按照用户注册的信息去判断性别，而是会按照用户的行为去判断性别。例如，最近有一位女士为自己的丈夫买了一件男装。一个卖男装的短视频投放了小店随心推，运营人员将目标人群设置为男性，但平台将这个短视频推送给这位女士，而这位女士真的为自己的丈夫购买了这件男装。

第三，用户的区域。

我们先通过物流查询不能发货的区域，然后关闭该区域的广告投放。如果我们卖的是羽绒服，一般像南方区域，如广东、福建、海南等区域的人群是不会购买的。所以，在搭建广告计划时，我们要关闭这些不会产生消费需求的区域。

第四，用户的身份。

用户的身份可以是老板、教师、学生、司机、空姐、白领等。例如，你在抖音店铺卖企业管理类的付费课程，那么你的潜在客户群体可能就是老板、个体工商户、企业主。

第五，用户的消费层次。

用户的消费层次分为低客单价、中等客单价、高客单价。我们要根据带货商品的客单价高低分析用户的消费层次。如果商品走的是高客单价路线，那么笔者建议主播不要通过引流品憋单进行起号，而是要直接通过短视频或者巨量千川进行起号，这样一来，精准流量可以将具备一定消费能力的用户直接引入直播间。

第六，用户的痛点。

用户的痛点直接决定对商品的需求。痛点有多痛，市场需求就有多大。例如，当宝妈给宝宝冲调配方奶粉时，最大的痛点是水温的调节。水温过高会烫到宝宝或影响奶粉的营养成分效果，但水温通过自然冷却要花费一些时间，一般宝宝等不及。如果有一款水杯能够将100℃的水很快冷却到45℃，那么这款水杯就很好地解决了宝妈的最大痛点。目前，市面上已经出现了这款水杯。

我们在创作短视频之前，一定要分析用户画像。编导根据用户画像策划与用户人群相匹配的短视频拍摄脚本；投手根据用户画像策划与用户人群相匹配的投流方案；运营人员根据用户画像策划与用户人群相匹配的直播脚本。

3.4.4　商品使用场景

传统电商与兴趣电商有很大区别。传统电商的用户一开始就带着消费目的，通过搜索的方式进行购物。很多兴趣电商的用户一开始对带货商品并没有产生刚性需求，但他们会因为短视频的内容或主播的话术对商品产生刚性需求。而用户的使用场景直接决定用户的刚性需求。笔者在这里举两个例子。

案例一

很多人吃完饭会用牙签，很少人会用牙线。而曾经在某位头部主播的直播间，主播演示了一个使用场景。

一群孩子在吃完饭后，由于饭菜里有金针菇和瘦肉，孩子们的牙缝被残留食物塞住了。随后，孩子们使用牙签来剔除残留食物。结果，大部分的孩子因为使用牙签不当导致牙龈出血，甚至戳伤了口腔。屏幕前的家长们看到这种场景，瞬间联想到自己的孩子也会遭遇这种情况。由于担心孩子的安全问题，家长们纷纷购买了主播介绍的牙线。牙线对于成年人来说，并非刚需品，而对于孩子来说，确实是刚需品。牙签的安全隐患戳中了家长的痛点，牙线便成了这些家长和孩子的刚需品。

案例二

有一款电饭煲可以实现提前预约的功能，用户只需提前将米和水放进电饭煲，设置好预约时间，第二天早上就能吃到香喷喷的米粥了。主播为了推销这款电饭煲，营造了一个使用场景。我们很多人每天早上起床时间很晚，一般都来不及做早饭，有的人甚至不吃早饭，长期下去，很多人便患上胃病。而这款电饭煲的预约功能，便能让每个人吃上一碗营养的早餐粥。这款电饭煲不仅为大家带来营养，还为大家节省了时间，更重要的是，大家不会因不吃早饭而患上胃病。结果，直播间很多上班族、胃病一族纷纷下单购买。

在创作带货短视频的内容时，我们一定要考虑用户在使用这款商品时的场景。关于商品的使用场景，笔者总结了以下六点。

第一，哪类用户会使用这款商品？例如，老人、孩子、打工族、男性、女性等。

第二，用户会在什么场合使用这款商品？例如，上班路上、公司上班、聚会、约会、吃工作餐、户外钓鱼等。

第三，用户会和谁一起使用这款商品？例如，父母、子女、老师、同事、领导、员工、丈夫、妻子、闺蜜、兄弟等。

第四，用户会在什么季节使用这款商品？例如，春天、夏天、秋天、冬天等。

第五，用户会在什么时间使用这款商品？例如，白天、晚上、工作时间、下班时间、休息时间、运动时间等。

第六，用户会在什么节日使用这款商品？例如，春节、情人节、母亲节、父亲节、端午节、中秋节、七夕节等。

在短视频场景塑造时，商品的以上六种使用场景为用户描述了一个画面，使用户身临其境，对号入座，针对场景和痛点，选择下单购买商品。

3.4.5 商品卖点塑造

商品的卖点是指它具备了前所未闻、独树一帜、匠心独运的特点。这些特点，一方面是商品本身就具备的，另外一方面是编导人为策划或者构思出来的。

1. 核心卖点

商品的卖点有很多，但是能让用户看一遍就能记住的卖点，往往只有一种。这种卖点能给商品带来核心竞争力。我们将这种具备核心竞争力的卖点称为核心卖点。核心卖点一般具备哪些特点呢？笔者总结了四点，分别如下。

第一，新颖性。

在众多同赛道的商品中，核心卖点往往别出心裁、与众不同，很多用户都第一次听说，因为用户往往容易记住新的观点、新的功能、新的理念、新的工艺等。例如，上文所说的保温杯，用户轻轻摇一摇，杯中100℃的水很快冷却到45℃。这款保温杯就具备新的功能。普通保温杯的卖点一般是容积大、保温时间长、外观时尚等，而这款保温杯超越常规卖点，解决了宝妈为宝宝冲调配方奶粉时水温调节的问题。

第二，排他性。

其他商品很难复制这个卖点，用户往往只认可这一款商品。例如，云南白药具有国家保密配方。国家保密配方是云南白药的专利，其他同类商品便无法复制和模仿。

第三，强大的竞争力。

普通卖点与核心卖点不在同一个竞争维度。核心卖点具有降维打击的能力。普通卖点往往停留在商品本身。如果商品卖点不具有壁垒，就很容易被同类商品模仿和超越；如果商品卖点上升到品牌，品牌卖点就很难被模仿；如果一款商品提出了行业新的理念，并且这种理念颠覆了广大用户的行业认知，那么这个最新的理念就是王炸！例如，有一家灭火器生产厂家提出一个新理念：喷出来的灭火泡沫可以安全食用。这个核心卖点就是灭火器行业新的理念，相对于普通灭火器，用户更愿意接受这款安全的灭火器。它不仅可以灭火，还会为消防员和火场被救人员的健康提供保障。

第四，虚拟性。

我们一般会从商品的外观、原材料、制作工艺、口感、新鲜程度等角度描述商品的卖点。这种实卖点可以被用户明显感知和体会，但会被同行轻易模仿。而虚卖点需要通过品牌故事、行业理念、匠人精神、时间沉淀等对商品进行包装和升华。

2. 卖点分类

卖点的本质就是商品拥有的属性。用户希望短视频的内容不仅具有"令人需要"的卖点，还要具有"令人惊喜"的卖点。短视频起号的核心是对商品卖点的拆解。那么，商品常见的卖点有哪些？笔者总结了如下十点，并一一为大家举例。

第一，外观的差异化。

如果商品的外观具有差异化的特点，用户往往第一眼就能记住它。人们对事物的认知都是由表及里的一个过程。商品的外观带给用户一种视觉冲击力，这种视觉冲击力便带给用户深刻的记忆。

💡 **举例**

（1）主打外观颜色的差异——蓝瓶钙。广告语：好喝的钙，蓝瓶的钙，三精制药出品。

（2）主打外观文案创意的差异——江小白。广告语：江小白，一杯敬明天，一杯敬过往。

（3）主打外观寓意的差异——今世缘。广告语：家有喜事（中国红），就喝今世缘。

（4）主打外观嗅觉的差异——恰恰香瓜子。恰恰香瓜子的外包装散发出一种香甜的味道。

（5）主打外观潮流的差异——大众甲壳虫汽车。甲壳虫汽车对用户的定位是乐观、开朗，对时尚嗅觉非常敏锐的人群。

第二，原材料的差异化。

采用优质原材料制作出来的商品，它们的质量会比较好，更值得用户信赖。商品原材料的差异化是核心卖点的差异化。

💡 **举例**

（1）安徽一家连锁中餐品牌——小菜园。目前，这家品牌店已经在全国开了400多家直营店。了解小菜园的用户应该都知道，小菜园的米饭特别好吃，小菜园的米饭，正是采用了国家地理标志商品——五常大米！

（2）"中华火锅第一股"——小肥羊。为什么小肥羊家的火锅这么好吃？小肥羊的火锅锅底采用了几十种上乘的滋补调味品。羊肉精选来自纯天然、无污染的锡林郭勒平均草原六月龄的乌珠穆沁羊和苏尼特羊。

第三，制作工艺的差异化。

制作工艺是指商品的制作过程、制作方法、制作配方、制作技术。这种卖点很难被用户感知，它是一种虚卖点。虚卖点不容易被同行复制和模仿，所以，与众不同的制作工艺可以成为一种核心卖点。

💡 **举例**

（1）主打制作原理的差异——宣酒。宣酒的核心技术小窖古法酿造技艺已入选非物质文化遗产保护名录。宣酒坚持小窖酿造，使酒的口感更绵柔。这样的制作原理成就了宣酒品牌的影响力，小窖酿造成为宣酒的核心卖点。

（2）主打制作大师的差异——小罐茶。小罐茶提出，好茶的标准应该出自真正代表中国制茶技艺的大师。于是，他们邀请了中国八大名茶的非物质文化遗产项目制作技艺传承人，这八位大师无不代表着中国制茶技艺的最高水准。非物质文化遗产项目制作技艺传承人制茶成为小罐茶的核心卖点。

（3）主打制作科技的差异——鲁花花生油。鲁花花生油采用了独创的一种食用油生产工艺：5S压榨，这种工艺榨出的油原色原香，食用安全，不失营养。2012年，鲁花"高含油油料加工关键新技术产业化开发及标准化安全生产"获得了国家科学技术进步奖,为提高人类的生活质量做出了新的贡献。5S压榨工艺这种技术成为鲁花花生油的核心卖点。

（4）主打制作过程的差异——乌江榨菜。乌江榨菜采用"三清三洗、三腌三榨"的制作过程。2008年,这种独特的制作工艺入选国家级非物质文化遗产代表性项目名录,成为乌江榨菜的核心卖点。

第四，服务的差异化。

有时候,用户消费的不仅是商品,也是一种服务。如果服务是细致周到的,让用户感受到贴心,是一种意外的惊喜,那么这种差异化的服务就是商品的核心竞争力,成为商品及品牌的核心卖点。

举例

（1）中国"变态式"服务超市品牌——胖东来。在胖东来的所有服务里,"用真品换真心,不满意就退货"成为一大特色。其中,胖东来为用户免费存车、免费打气、免费提供修车工具、免费存包、免费为手机充电、免费送货、免费维修、免费干洗、免费熨烫、免费锁边、免费修鞋等。下雨天,胖东来超市工作人员会为超市门口的电瓶车盖上雨布,防止淋湿。针对用户的投诉,胖东来不仅不反感,反而认为应该鼓励和奖励用户。这些贴心周到的服务征服了无数用户的心,成为胖东来的核心卖点。

第五，功效的差异化。

有时候,用户购买商品关注的并不是商品本身,而是商品带给用户的结果,这种结果就是商品的功效。

举例

（1）主打品牌身份感的差异——路易威登（以下简称LV）包。用户购买LV包,看重的并不是它的质量,而是LV这个品牌带给用户的身份感。LV是世界级的奢侈品品牌,拥有LV包的用户,不管在哪种场合,都会拥有一种尊贵的身份感。这种差异化的品牌身份感成为LV包的核心卖点。

（2）主打功能新颖的差异——手机壳。有这样几种手机壳。第一种，游戏机手机壳。这种手机壳里内置多款游戏，当手机没电时，用户可以使用游戏机手机壳玩游戏，打发无聊的时间。第二种，解压手机壳。这种手机壳外表面有凸出的球体，当用户压力大或者生气时，通过按压手机壳凸出的球体，可以达到解压的目的。第三种，补光手机壳。这种手机壳自带补光灯，当外界光线不好时，用户使用补光手机壳，可以达到补光的目的。第四种，充电手机壳。这种手机壳内置移动充电电源，当手机没电时，用户可以打开手机壳的充电功能给手机充电。这些差异化的新颖功能成为手机壳的核心卖点。

第六，时间的差异化。

"物以稀为贵。"稀有的原因可能是商品制作耗费的时间久，时间成本大，如百达翡丽手表；可能是商品品牌的历史悠久，如带有"百年老字号"的商品；可能是商品某种功能可迅速实现，节约用户的时间，如快速充电的手机。

举例

（1）主打品牌历史悠久的差异——国窖1573。国窖1573是中国物质文化遗产和中国非物质文化遗产双遗产代表之作，源自建造于明朝万历年间（公元1573年）的"国宝窖池群"，采用泸州老窖酒传统酿造技艺酿造。国窖距今已有超过450年的历史，这成为国窖1573的核心卖点。

（2）主打功能实现迅速的差异——OPPO手机。OPPO的R7手机曾经热销整个中国手机市场，其中的一个核心卖点是"充电5分钟，通话2小时"。众所周知，很多手机的一个痛点就是耗电快，使用时间短。特别是对于商务人士来说，因为他们经常通过手机谈生意、发邮件、处理工作，手机耗电特别快。OPPO手机正是察觉了这一市场痛点，研制出了一款能够快速充电的手机。手机充电迅速，使用时间久，成为OPPO手机的核心卖点。

（3）主打新鲜程度的差异——大头卤菜。大头卤菜坚持售卖新鲜商品，不卖隔夜菜。大头卤菜每晚7点半开始打8折，每晚8点开始5折清空。大头卤菜的全部连锁店可以做到每天清货，并保证次日卤菜的新鲜度。虽然五折清空会增加大头卤菜的成本，但是每天排队抢购的人越来越多。不卖隔夜菜成为大头卤菜的核心卖点。

（4）主打慢时间的差异——老乡鸡。一般来说，肉鸡分为白羽肉鸡和黄羽肉鸡，生长速度包括快速型、中速型和慢速型。一般情况下，生长期在80天以内的为快速型；80～100天的为中速型；100天以上的为慢速型，俗称土鸡。老乡鸡保证每只鸡上市的日龄都在180天以上，所以肉质特别鲜香浓郁。在流行速食文化的今天，老乡鸡反其道而行之，因此，慢时间料理成为老乡鸡的核心卖点。

第七，地理位置的差异化

地理位置的差异化包含地理经纬度、气候、地形、地貌、地方文化特色、地方特产等因素的差异化。

举例

（1）主打长寿的地域差异——光明莫斯利安酸奶。莫斯利安酸奶的名字起源于"酸奶之乡"保加利亚长寿村——莫斯利安村。莫斯利安村是世界五大长寿村之一，以喝酸奶而长寿著称。那里百岁老人的比例超出国际长寿区域标准的4倍多。当地村民每天都有饮用自酿酸奶的习惯，他们饮用的酸奶中含有活性益生菌L99，能够平衡肠道健康，保持身体活力。2008年7月3日，6位光明酸奶的研发专家来到莫斯利安村并最终将长寿酸奶的配方带回中国。从此，来自长寿村的配方成为光明莫斯利安酸奶的核心卖点。

（2）主打温差大的地域差异——好想你枣。好想你枣的主要原料是新疆的若羌灰枣。若羌灰枣产于新疆巴州区域的若羌县，若羌县地处塔克拉玛干沙漠与阿尔金雪域山脉的交汇处，一年长达210天的无霜期加上塔克拉玛干沙漠的高温与阿尔金山雪域凉爽气流的昼夜交替，形成28℃的昼夜温差。白天的高温可以加强若羌灰枣的光合作用，有利于养分的积累；晚上的低温减少若羌灰枣养分的消耗，有利于糖分的保持。这种温差大的地域差异成为好想你枣的核心卖点。

（3）主打日照时间长的地域差异——五常大米。五常大米是我国黑龙江省哈尔滨市五常市的特产，是中国地理标志商品。五常大米全国闻名的一个重要原因是五常市的平均日照时间很长，光照充足，白天热，晚上凉，昼夜温差大。水稻在白天利用足够的光照转化营养物质，在夜晚由于气温低，呼吸作用较弱，有利于自身营养物质的积累。这种日照时间长的地域差异成为五常大米的核心卖点。

（4）主打海拔高的地域差异——冬虫夏草。冬虫夏草多生于海拔3000~4000米的高寒山区中的草原、河谷、草丛的土壤中。冬虫夏草是我国特有的中药材，它与人参、鹿茸并列为三大"补药"。由于冬虫夏草的生长区域海拔高，采挖难度大，野生的冬虫夏草数量稀少，价格相当昂贵。这种海拔高的地域差异成为冬虫夏草的核心卖点。

第八，人群的差异化。

不同的人群对商品的需求是不同的。人群的差异包括性别差异、年龄差异、地域差异、健康差异、身份差异、肤质差异、职业差异、工作环境差异、国籍差异等。针对不同人群研究出的商品，属性更加细分，更加具体。

> **举例**

（1）主打性别的差异——朵唯女性手机。朵唯女性手机专门为女性开发了"伊乐园""我的衣帽间""电子画报""我的造型师""美容顾问""家庭营养师"等功能。这种专为女性设计的手机成为朵唯手机的核心卖点。

（2）主打身份的差异——小天才电话手表。这款手表专为学生设计，具有定位功能，家长可以随时看到孩子的位置。同时，小天才内置游戏软件比较少，家长不必担心孩子花费过多精力在此款手表上玩游戏。一般情况下，小天才电话手表不允许陌生人电话呼入，家长不必担心孩子被电话诈骗。家长还可以在小天才App中设置孩子玩手表的时间。小天才电话手表的功能完全针对孩子设计，这种差异化设计成为小天才电话手表的核心卖点。

（3）主打年龄的差异——天语老年人手机。随着我国居民寿命的延长，老年人的比例逐渐增大，老年人手机的需求也逐渐增大。老年人一般听力、视力都不太好，所以老年人手机需要具备音量大、字体大、按键大、图标大、电池容量大等功能。同时，老年人手机要具备手电筒、紧急呼叫、收音机、语音播报等功能。专门针对老年人群设计的天语老年人手机成为的核心卖点，深受老年用户的喜爱。

第九，背书的差异化。

销售心理学研究过两种很重要的行为，第一是见证，第二是从众。这两种行为可以有效地打消人们内心的顾虑，增加对商品的信任，提升商品的购买率。专业权威的背书将成为品牌的核心卖点。

何谓见证？例如，商品具有国家保密配方，由著名专家团队设计研发，获得权威机构检测，获得国家奖项，得到主流媒体正面报道，有合适的明星形象代言。

何谓从众？例如，商品获得全网一致好评，商品销量全网名列前茅，亲朋好友一致推荐等。

举例

（1）主打专家配方的差异——王老吉凉茶。王老吉凉茶品牌创立于清朝道光年间，由凉茶始祖王泽邦创建。由专家配方成为王老吉凉茶的核心卖点。

（2）主打专家推荐的差异——舒适达牙膏。舒适达是牙医推荐的抗敏感牙膏品牌。牙医的意见具有一定的权威性，受到牙医推荐成为舒适达牙膏的核心卖点，更值得用户信赖。

（3）主打明星代言的差异——健力宝。2021年，经典国货健力宝与优秀运动员苏炳添就已达成合作，苏炳添成为健力宝的品牌代言人。2021年8月1日，苏炳添在东京奥运会男子100米半决赛中，以9.83秒的成绩刷新亚洲纪录，成为中国首位闯入奥运会男子百米决赛的运动员。苏炳添为健力宝代言成为健力宝品牌的核心卖点。

第十，理念的差异化。

用户的消费理念影响着他们的消费决策。常见的消费理念包括：同样的商品比价格，同样的价格比质量，同样的质量比服务，同样的服务比服务的周到和服务的态度。用户在购买商品之前，内心都会有一套判断标准，而这套判断标准就是消费理念。

消费理念的本质是行业标准。如果一款商品能提出一个行业标准，同时，这个标准得到了权威认证，并被大部分消费者所接受，那么这个标准将成为消费理念，影响用户的消费决策。

> 💡 **举例**

（1）主打健康理念的差异——金龙鱼食用油。金龙鱼食用油提出了新的消费理念：只有1∶1∶1科学比例的调和油才是好的食用油。金龙鱼历时两年研发的第二代食用调和油能够帮助人体膳食脂肪酸达到1∶1∶1的标准。1∶1∶1膳食脂肪酸平衡的健康理念，再一次革新了中国人的食用油消费习惯，推动了食用油消费理念从安全到营养健康的跃升。"营养健康"的消费理念成为金龙鱼品牌的核心卖点。

（2）主打工艺理念的差异——港荣。港荣蒸蛋糕提出了新的消费理念："蛋糕蒸着吃才不上火。"港荣采用健康的"蒸"工艺，不同于传统蛋糕以油、水、火为热传导介质，蒸出来的蛋糕含水量高，保留了食物原始的新鲜美味，吃了也不会上火。"蒸蛋糕不上火"的消费理念成为港荣品牌的核心卖点。

3.4.6 结尾直播间导流

当你逛了一圈美食街，不知道如何选择的时候，突然有一家店的老板娘朝你招招手，吆喝一下，可能你就不知不觉地走进这家店了。

短视频起号也是如此。用户看完了整个视频，表明用户对视频中的商品感兴趣。但只有用户进入直播间，才有可能实现订单成交。所以，在短视频的结尾，有一句引导用户进入直播间的话术很重要。

怎样的话术才会吸引用户进入直播间呢？笔者总结了以下四点。

第一，再次强调商品的核心卖点，表明直播间的商品买得起，引导用户进入直播间。

例如，"如果屏幕前的你也喜欢这样好吃又好剥皮的核桃，来我直播间，只要几十块钱，我给你满满一大箱。"

第二，强调直播间的福利，引导用户进入直播间。例如，"今天你来我直播间，9.9元买一送一，包邮到家，千万别错过。"

第三，再次强调用户的痛点，加深情感共鸣，引导用户进入直播间。例如，"你的防晒霜是不是也没有防晒效果？来我直播间，国际一线品牌防晒霜，防晒又养肤，假一赔十。"

第四，强调直播间的干货和价值，引导用户进入直播间。例如，"屏幕前的朋友，如果你想系统化地学习直播知识，来我直播间，我免费教你。"

3.4.7　短视频直播引流

短视频直播引流分为短视频上热门和短视频付费投流。短视频付费投流平台包括抖加（DOU+）、小店随心推和巨量千川。

短视频上热门，本质上是创作者创作出优质的短视频内容，获得了平台的奖励推流。短视频被发布后，平台会给予初始流量。当短视频获得了很好的完播率、点赞率、评论率、收藏率和转发率时，平台会将短视频推送到更大的流量池。接下来，短视频仍会获得比较好的数据，平台会将短视频推送到更大的流量池，直至短视频上热门。

短视频上热门的唯一途径，就是短视频能提供优质的内容，带给用户独特的价值以及获得用户一致的认可。短视频内容具体的创作步骤，笔者已经详细讲过，这里不再赘述。

3.5　付费投流起号

目前，抖音的付费投流平台包括抖加（DOU+）、小店随心推、巨量千川等。抖加（DOU+）主要用于非营销类视频的加热，一般在手机上操作投放。小店随心推可以理解为简化版的巨量千川。小店随心推可以为带货短视频提供投放巨量千川前的预热，经过预热的短视频，点赞越高，评论越多，越容易引发羊群效应，吸引用户看播。小店随心推也可以在手机上操作投放。巨量千川包含抖加（DOU+）、小店随心推的所有功能，一般在PC端操作投放。本节将重点讲述小店随心推和巨量千川的具体功能以及巨量千川账号的搭建、优化、审核等技巧。

付费投流起号包含巨量千川+自然流起号，巨量千川+短视频起号，巨量千川+直播间起号。这三种起号方式被称为"三驾马车"或"三频共振"。

付费投流起号的本质：具备可用预算的广告主，首先，通过人群定向（用户基础定向、徕卡定向、达人定向、DMP人群包定向）的设置，过滤掉非目标用户，再过滤掉对此类广告不感兴趣，以及多次触达同类或同个广告的用户；其次，通过预估广告曝光收益，平台会对广告的曝光量和曝光顺序进行排序，预估广告曝光收益较高的广告，拥有较强的核心竞争力，会得到平台更多的曝光；最后，通过平台对短视频内容的定向筛选，将目标用户导入直播间。而直播间强大的转化能力才是最终成交的关键。

流量在付费投流的机制下被层层筛选，犹如沙漏里的流沙，由泛流量逐渐变得精准（见图3.1）。

以下是有关付费投流的几个基本概念，笔者将为大家一一讲述。

1. 流控

流控是系统对广告账号和用户进行流量控制。流量控制表现为三点：第一，系统会对可用预算不足的广告账号减少流量分配；第二，系统会对非定向用户进行流量控制；第三，系统会对此类广告不感兴趣的用户进行流量控制。

2. 频控

频控是系统为了提升用户的使用体验，过滤掉多次触达同类或同个广告的用户。所以，笔者建议大家使用同一个主体，多开几个巨量千川账号，或者同一个广告主多注册几家公司，用不同的主体多开几个巨量千川账号。本质是为了减少同类素材因系统的频控而相互干扰。

过滤掉可用预算不足的广告账号，减少流量分发

过滤掉非用户基础定向、徕卡定向、达人定向、DMP人群包定向的用户

过滤掉对此类广告不感兴趣的用户

过滤掉多次触达同类或同个广告的用户

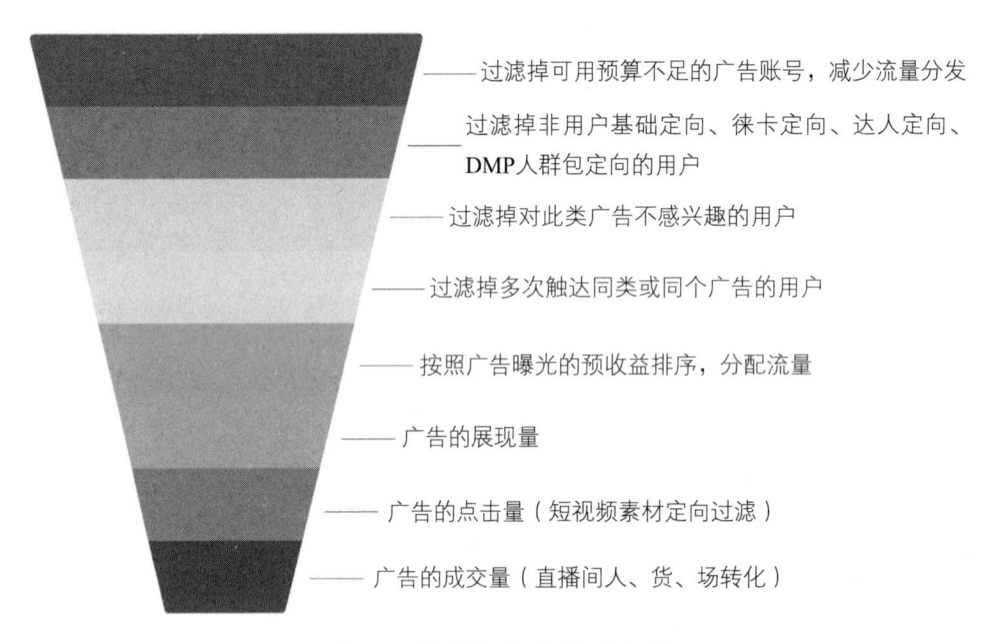

按照广告曝光的预收益排序，分配流量

广告的展现量

广告的点击量（短视频素材定向过滤）

广告的成交量（直播间人、货、场转化）

图3.1 付费投流流量漏斗图

3. 预估广告曝光收益

抖音的预估广告曝光收益与广告的核心竞争力成正比。通俗地说，就是谁对抖音的广告收益贡献大，抖音就会给谁更多的广告曝光量，以及比较好的广告位排序。

预估广告曝光收益=广告出价×预估点击率×预估转化率×1000（1000指的是千次展示）

预估点击率=点击数÷展现数×100%。系统会对短视频的点击率进行预估。如果短视频的点击跑量非常好，系统就会进行后验，并修正预估点击率。预估点击率与短视频内容有关，短视频内容越优质，越多用户被

"种草"，预估点击率就会越高。

预估转化率=转化数÷点击数×100%。系统会对短视频的转化率进行预估。如果直播间的转化率很高，系统也会进行后验，并修正预估转化率。预估转化率与直播间人、货、场有关，主播的带货能力越强，越是爆品，直播间场景越吸引人，预估转化率就会越高。

广告出价是控制成本投放中的人工出价。在广告账号的冷启动期，很多巨量千川的素材不跑量，没有消耗，根本原因是预估广告曝光收益比较小，广告得不到系统的曝光和优先展现。当我们理解了预估广告曝光收益的概念，就理解了为什么提高广告出价能提升跑量，这就是"知其所以然"的意义所在。

4. ROI（Return On Investment，投入产出比）广告出价。

广告的投入产出比简称为"投产比"。ROI=广告成交金额÷广告消耗≈（广告客单价×订单数）÷（转化成本×转化数）≈广告客单价÷转化成本≈目标ROI。

转化成本是转化一个订单，广告主需要支付的广告成本费用。转化成本围绕着广告出价上下波动，好比价格永远围绕着价值上下波动一样，所以，转化成本≈广告出价。在搭建巨量千川账号时，如果我们选择控成本投放，就需要在系统中设置一个广告出价。广告账号起量消耗后，我们会发现数据表中显示的转化成本（实际消耗）略高于或略低于广告出价。在转化成本高于广告出价的20%，且计划修改次数不超过2次，转化数达到6的情况下，系统会将多余的消耗赔付给广告账号。

综上所述，目标ROI≈广告客单价÷转化成本，转化成本≈广告出价，因此，广告出价≈广告客单价÷目标ROI。目标ROI是广告主根据商品实际的成本和利润得出的内心理想的ROI。很多人在搭建巨量千川账号时，不知道如何设置广告出价，笔者给大家举个例子，通过具体的例子，拆解目标ROI和广告出价的计算过程。

某款化妆品的售价为15元，成本为3.75元，毛利润率=（15-3.75）÷15×100%=75%。如果广告主愿意拿出成本的40%投放广告，广告的转化成本就是15×40%=6（元）。目标ROI≈15÷6≈2.5。广告出价≈15÷2.5=6（元）。所以广告的初始出价就是6元，目标ROI就是2.5。

5. OCPM（Optimized Cost Per Mille，优化千次展现出价）

OCPM是巨量千川的一种广告收费模式。这种收费模式按照效果展现，按照展现收费。OCPM是CPM（Cost Per Mille，每千人成本）的自动出价版本，是针对转化目标的出价方式，也是一种实时、动态的出价方式。OCPM有一套精准的点击率和转化率预估机制，能将广告展现给最容易产生转化的用户。OCPM=下一位广告主的预估广告曝光收益+0.01（元），即比下一位广告主的预估广告曝光收益多一分钱。

6. 白牌

白牌就是没有品牌或品牌知名度较低的厂商生产的商品。在传统电商时代，白牌商品由于没有过多的资金投放广告，商品很难有很大的销量。现如今，随着电商和社群团购的兴起，消费者倾向于商品的功能效果和性价比。同时，因为主播和团长的强人设，消费者更加信任主播和团长，逐渐淡化看重品牌知名度的意识。这种市场和消费观念的转变，给予白牌商品更多的机遇和发展空间。

7. 通投

通投是在搭建巨量千川账号时，不设置任何定向。系统对用户不做任何过滤和筛选，进入直播间的流量大多是泛流量。通投账号的ROI一般比较差。笔者见过两种通投的直播间。第一种，达人、明星的直播间。在开播后的前半小时，通投给直播间带来了大量的泛流量。由于前期主播的强人设和强互动能力，直播间得到了用户很好的停留和互动，以此撬动了平

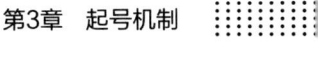

台给予的更大流量池奖励。第二种，在直播前期售卖了几万单1元包邮的引流品以及9.9元包邮的福利品的直播间。由于这种商品价格低，性价比高，适用人群广，所以在通投的情况下直播间依然会有很好的销量。

8. 拉满

拉满是巨量千川账号不设置任何计划预算和组预算。由于账号的消耗带有不确定性，所以拉满会给账号带来极大的风险。笔者建议，在搭建巨量千川账号时，一定要设置预算。投手可以在账号预算达到80%的时候，根据ROI情况适当地增加或者减少预算。

9. 跑飞

跑飞就是计划突然开始高消耗，但ROI很低。由于跑飞的计划预算设置得比较高，甚至没有设置预算，广告主很容易出现血亏的现象。

容易出现跑飞的情况有以下五种。

第一，计划投放方式为放量投放，不设置预算。

第二，计划出价比较高，投手不看ROI，不设置预算。

第三，计划创意形式选择直播间直投。

第四，计划优化目标为进入直播间、转粉、评论和商品点击这些低难度，浅层转化的目标。

第五，计划选择拉满通投。

10. 跑量

跑量意味着巨量千川计划比较容易产生消耗。跑量与预估成正比。预估越大，广告竞争力越强，计划的跑量越大。

11. 可用预算

可用预算一般指在计划预算、组预算、账号余额中取最小值。平台会根据账号的可用预算进行流控。

12. 徕卡定向

徕卡定向就是行为兴趣定向。

13. 新户冷启动期

一个新账号，从零开始投放，到被打上精准标签，建立账号模型的过程，叫作新户冷启动期。在新户冷启动期，对于平台来说，是一次学习的过程。因为平台需要积累大量的用户数据来探索账号所需要的精准人群。这个过程需要巨量千川账号设置人群定向（用户基础定向、徕卡定向、达人定向、DMP人群包定向），以及对短视频素材的筛选，平台通过相对精准的人群在直播间的停留、互动和下单来帮助巨量千川账号建立模型，度过冷启动期。

判断一个账号是否度过冷启动期的标准，笔者总结如下四点。

第一，账户投放4天内达到20个转化目标。

第二，系统页面显示了绿色的"学"标。

第三，账户正常出价能稳定跑量，账户消耗在稳步增长。

第四，巨量千川计划的实际ROI在稳步提升。

3.5.1 小店随心推功能介绍

前文简短介绍过小店随心推。小店随心推一般在手机上操作投放。但是就算小店随心推的推广计划跑得好，系统也不允许追加预算，只能新建计划。相对于巨量千川对素材的审核，素材在小店随心推比较容易过审。

根据笔者的投放经验，小店随心推一般会在投放后5分钟起量，巨量千川却需要在投放后20～25分钟才可以起量。

接下来，笔者将根据小店随心推的具体功能（见图3.2），逐个为大家讲述。

1. 投放金额

投放金额一般指投放预算。小店随心推可以将投放总预算控制在500元以内，单笔投放预算控制在100元。

2. 直播间优化目标

直播间的优化目标包括进入直播间、商品点击、下单、成交、粉丝提升、评论。

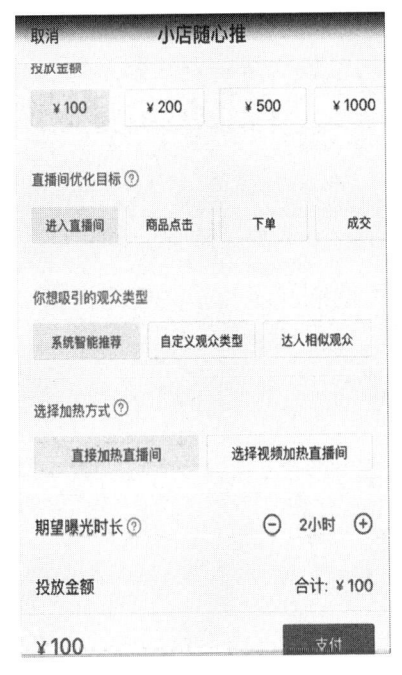

图3.2 小店随心推功能界面

对于进入直播间、商品点击、粉丝提升、评论这四个优化目标，由于用户的行为链路比较简单，我们称为浅层转化。如果计划选择浅层转化，那么一般ROI比较低。当优化目标是进入直播间时，我们就要看直播间的场观数据；当优化目标是商品点击时，我们就要看商品点击人数和商品点击次数；当优化目标是粉丝提升时，我们就要看直播间的转粉数量；当优化目标是评论时，我们就要看评论次数和评论内容。

对于下单和成交这两个优化目标，用户的行为链路比较复杂，直播间的转化难度比较大，我们称为深层转化。

3. 你想吸引的观众类型

观众类型分为系统智能推荐、自定义观众类型、达人相似观众三个方面。

（1）系统智能推荐是指系统会根据账号的模型，自动探索账号需要的人群。选择系统智能推荐是因为账号过了冷启动期，经过一定的数据积累，被系统打上了精准标签。但是对于一个新账号，系统是不知道直播间需要什么样的精准人群的，在这种情况下，通过系统智能推荐进入直播间的人群往往是泛流量，账号特别容易爆成本或者空耗，ROI会很低，容易产生账号跑飞的现象。所以，笔者不建议新账号选择系统智能推荐。

（2）自定义观众类型是指对用户的性别和年龄段进行定向设置。投手一般要根据销售的商品，对商品的受众人群进行性别和年龄的分析。但最终的选择需要经过测试和验证。

（3）达人相似观众是指选择与直播间销售的商品相关的达人账号进行投放，也可以选择自己的粉丝进行投放。达人最多可以选择20个，选择互动的行为包括关注过达人，观看过直播等。在这里，笔者建议大家在选择达人前，一定要通过搜索确认达人账号与推广的商品是否存在关联性。

4. 选择加热方式

选择加热的方式分为直接加热直播间和选择视频加热直播间。笔者建议一般选择视频加热直播间。因为视频素材是最好的定向，它会帮助你过滤对商品没有需求的用户，这样，当优化目标是成交时，视频加热有利于提升整体的ROI。

5. 期望曝光时长

曝光时长一般选择刚开播后的半小时，之后再切换到巨量千川投放。

但是，如果在选择的投放时间段，主播刚好下播了，那么系统是不会继续投放账号的。所以，大家不用担心账号里的预算白白浪费。

3.5.2 巨量千川功能介绍

对巨量千川所有功能的掌握，是每位投手搭建账号计划的基础。本节，笔者将为大家详细讲述巨量千川的核心功能。

1. 投放方式

（1）控成本投放（见图3.3）

控成本投放是指在计划投放广告时，系统会优先控制成本达标，并最大限度使用广告预算。控成本投放一般采用手动出价的方式。如果控成本投放中广告出价较低，预估广告曝光收益就比较小，广告的竞争力相对较弱，最终，控成本投放将得不到大量曝光和靠前的曝光位置。这就是我们经常说的，计划跑不出去，很难起量，账号没有消耗的根本原因。一个新账号，也就是冷启动期账号，账号的预估点击率和预估转化率都是比较低的。所以，要想计划尽快跑出去，我们可以提高广告出价，限制预算。等计划跑出去了，ROI达标了，再将广告出价调回来。

（2）放量投放（见图3.3）

放量投放是指在计划投放广告时，追求相对激进的放量，系统会优先完成预算目标，但在投放过程中，成本会有所浮动。放量投放一般采用系统自动出价的方式。系统为了让计划能够消耗，会自动出价，通过提高预估广告曝光收益，得到足够的曝光量和靠前的曝光顺序，换取更多的跑量。

一般情况下，新账号在冷启动期会采用放量投放的方式，原因有两点：第一，放量投放可以帮助新账号尽快度过冷启动期，通过前期计划跑出的转化成本，为控成本投放的广告出价提供参考依据；第二，放量投放可以帮助系统尽快探索到目标人群，为新账号打上精准标签，建立账号模型。

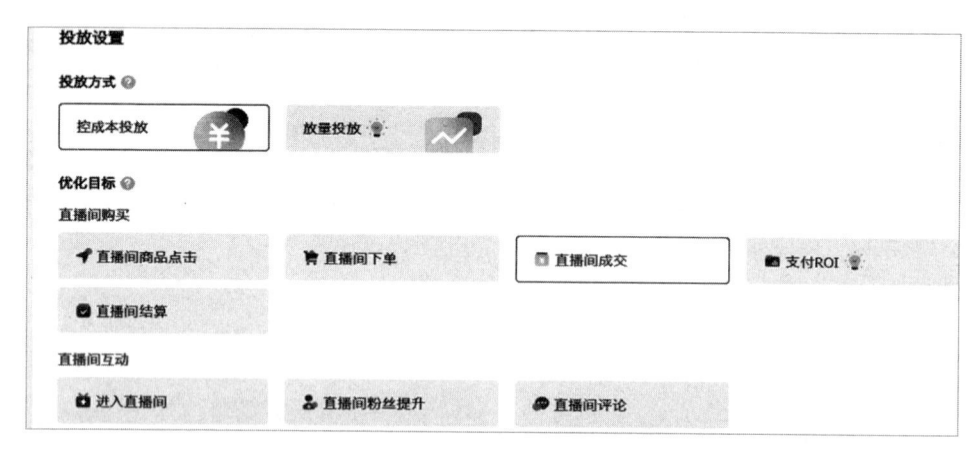

图3.3　巨量千川功能界面

但是，由于放量投放的ROI非常不稳定，计划很容易跑飞，所以，笔者建议大家在开始设置预算时，将数值设置为500元。当ROI达标时，再适当增加预算；当ROI不太理想时，不要急于关闭计划，因为数据有延迟，所以20分钟后再关闭计划比较合适。

因为放量投放一般采用系统自动出价的方式，计划比较容易产生消耗，所以在选择放量投放时，投手一定要通过精准的人群定向，对放量投放的跑量有所限制。否则，计划极有可能跑飞。

笔者曾经见过这样的直播间，计划的投放方式为放量投放，计划的创意形式为直播间直投，直播间的主播是抖音百万级达人，直播间的商品几乎都是1元到10元的秒杀品和福利品。这样的直播间，对投产比要求极低，但主播的承接能力非常强，所以放量投放可以拉满通投。

但是，对于普通的直播间，除了新账号在冷启动期选择放量投放，笔者不建议大家过多使用这种投放方式。在新账号冷启动期阶段，建议控成本投放占比80%，放量投放占比20%，随着账号逐渐度过冷启动期，大家需要逐渐降低放量投放的占比。

2. 投放速度

当投放方式为控成本投放时，投手需要选择投放速度。常见的投放速度包括尽快投放和均匀投放。当新账号处于冷启动期时，笔者建议选择尽快投放，把预算尽快消耗完；当新账号处于稳定期时，笔者建议选择均匀投放，避免因预算分配不均而造成账号消耗过快或者过慢。通过选择投放速度，可以把握投放节奏，帮助投手做好可用预算的分配（见图3.4）。

图3.4 投放速度界面

3. 优化目标

巨量千川的优化目标分为直播间购买和直播间互动两大类。直播间购买包括直播间商品点击、直播间下单、直播间成交、支付ROI、直播间结算；直播间互动包括进入直播间、直播间粉丝提升、直播间评论。下面，我们来分析一下每个优化目标的含义（见图3.5）。

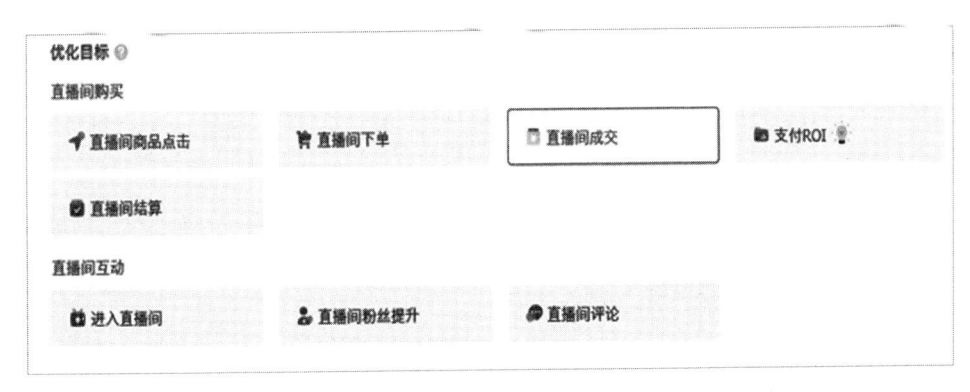

图3.5 优化目标界面

（1）直播间商品点击

直播间商品点击包括直播间购物车点击、直播间商品讲解卡点击、直播间商品列表点击。这一项优化目标只能表明用户对直播间的商品感兴趣，有购买的意向。但是，用户最终可能因为商品的价格，对主播的信任度，商品的真实性，以及商品是否为刚需等因素放弃购买。

（2）直播间下单

直播间下单指的是用户在直播间创建商品订单。但用户在付款前可能心存顾虑，如果主播和售前客服不能及时打消用户疑虑，用户最终就很可能放弃支付。

（3）直播间成交

直播间成交指的是用户在直播间创建了订单并支付了订单，并且订单最终被用户确认签收，没有被退货退款。

（4）支付ROI

支付ROI指的是直播间成交订单的投入产出比。支付ROI=广告GMV÷广告消耗。支付ROI越大，广告的投放效果越好。

（5）直播间结算

直播间结算指的是用户在直播间创建了订单并支付了订单的用户，有可能最终会退货退款，因而会需要结算。

（6）进入直播间

进入直播间指的是用户来到直播间。一般分为两种：第一种，用户刷到短视频，被短视频优质的内容"种草"，点击账号头像呼吸灯，进入直播间；第二种，用户刷到直播间，直播间的画面让用户产生视觉冲击力，用户点击"进入直播间"，进入直播间。

（7）直播间粉丝提升

直播间粉丝提升指的是直播间用户关注了主播。用户一般会因为三种原因关注主播：

第一，用户发自内心地喜欢主播，信任主播；

第二，用户认为关注主播可以学习到知识；

第三，用户听从主播在卖出引流品前的行动指令，关注了主播；

（8）直播间评论

直播间评论指的是用户在直播公屏上发表评论。常见的直播间评论有四种：

第一，用户听从主播在卖出引流品前的行动指令，在公屏发起评论；

第二，用户参与福袋抽奖，在公屏打出福袋口令；

第三，用户对主播讲解的商品存在疑问或者顾虑，在公屏直接与主播交流；

第四，直播间会存在"黑粉"和"杠精"，助播需要通过在公屏刷屏，将不好的评论顶掉。

巨量千川的整体优化目标包含了用户从进入直播间到直播间成交的整个电商行为链路。我们会发现，对于直播间商品点击、进入直播间、直播间粉丝提升、直播间评论这些目标，用户的行为链路短，决策简单，直播间转化难度小，我们称为浅层转化目标；而对于直播间下单、直播间成交、支付ROI、直播间结算这些目标，用户的行为链路长，直播间转化过程复杂，转化难度大，我们称为深层转化目标。

对于处于冷启动期的白牌直播间，由于直播间难以探索目标人群，账号标签不精准，账号模型缺失，因此80%的计划优化目标都是直播间成交。这样可以保证账号投放的ROI相对稳定，同时，大量的成交数据会帮助账号尽快被打上电商标签和成交标签，有助于账号快速地度过冷启动期。当账号度过了冷启动期，直播间被打上了精准的标签，主播拥有了强大的转化能力时，笔者建议，大家可以适当地搭建几个直播间商品点击、直播间下单、直播间结算的优化目标计划。这样有利于直播间探索到更多的人群，也是对主播转化能力的进一步考验。

一般情况下，在明星、达人的直播间，会在开播半小时内选择浅层转化目标。由于明星的强IP属性，达人的强人设，加上前期投放的浅层转化目标，直播间将拥有较高的人气指数。平台会将直播间推送到更大的流量池。开播半小时后，直播间会选择深层转化目标。通过深浅转化目标的搭配，最终的直播间将达到理想的ROI。

4. 投放时间

投放时间和投放时段的设置需要根据直播间主播的直播时段确定。但投放计划所推广的商品与直播间销售的商品务必要保持一致。如果在选择的投放时间或时段，主播刚好下播了，那么系统是不会继续投放账号的（见图3.6）。

图3.6　投放时间界面

5. 出价设置

因为ROI=广告成交金额÷广告消耗≈（广告客单价×订单数）÷（转化成本×转化数）≈广告客单价÷转化成本，所以转化成本≈广告客单价÷ROI。假设转化成本约等于广告出价，而每种商品根据实际的毛利润都会有目标ROI（在这里，ROI约等于目标ROI），最终可以得出：广告出价≈广告客单价÷目标ROI。例如，一款化妆品的直播间客单价为15元，目标ROI为2.5，那么它的广告出价≈15÷2.5=6（元）。

在搭建控成本投放计划时，系统要求设置广告出价（见图3.7）。我们按照上面的方法设置了广告出价，但发现计划没有被消耗，跑不出去。这个时候，账号就需要提高广告出价。笔者建议，按照10%～40%的阶梯策略逐步提高广告出价。当计划开始跑量，系统开始后验并提高预估CTR和CVR计划时，就可以降低广告出价，直到接近目标转化成本。

在搭建放量投放计划时，系统是自动给予广告出价的，无须手动设置。

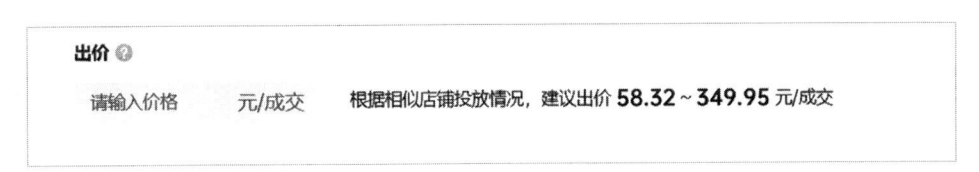

图3.7 出价设置界面

6. 项目预算

巨量千川计划不设置项目预算，这种方式称为拉满投放。一般的计划都是要设置预算的（见图3.8）。不知道如何设置预算时，笔者建议大家统一将预算设置为500元。当账号计划消耗到预算的80%左右，且ROI达到理想值时，就需要及时追加预算，每次追加的幅度为500～1000元。

当账号的预算消耗殆尽时，计划就会撞线。如果这个时候再追加预算，计划有可能会"死掉"，也有可能会爆成本或者空耗。所以，笔者建议大家尽量不要让计划撞线。

专业的投手一定要在投放巨量千川期间及时盯盘，不能让计划因为撞线而"死掉"。盯盘的时间间隔一般为5分钟，等账号投放稳定后，盯盘的时间间隔可以调整为20分钟。

图3.8 项目预算界面

7. 用户用户基础定向

用户用户基础定向设置包含地域、性别、年龄三个选项设置。设置用户用户基础定向的目的是通过目标用户的画像，过滤掉非目标用户。

所以，专业的投手在搭建巨量千川计划前，一定要分析投放商品的受众。

（1）地域

地域选择包括不限、按行政区域划分、按商圈划分三个选项。行政区域的用户包括正在该区域的用户、居住在该区域的用户、到该区域旅行的用户、该区域内的所有用户。

如果直播带货的目标人群范围是全国，计划一般会选择不限或者按行政区域划分。行政区域的划分包括地理划分和发展划分。地理划分需要考虑到两点：第一，如果通过物流系统查询到商品不能发往该区域，计划中要关闭该区域的投放；第二，分析商品的非目标销售区域。例如，如果直播间销售的是羽绒服，那么我国南方的一些地区，如广东、福建、海南等就是非目标销售区域。这些区域由于气候较暖，用户在冬季一般不会购买羽绒服。所以，在搭建巨量千川计划时尽量不选择这样的非目标人群区域。

如果直播带货的目标人群范围是本地，如餐饮直播间销售团购套餐券，计划一般会选择按商圈划分。系统会根据用户所在的位置，将直播间或者短视频推送到计划投放的商圈。这里的商圈一般指的是本地的商圈。

（2）性别

对于性别定向，需要判断目标人群是否有性别的限定。我们要分析投放巨量千川的商品是卖给男性的，还是卖给女性的。一般情况下，女装、美妆、家居、母婴、亲子类商品，女性用户偏多；烟酒、茶具、体育用品、汽车、户外用品、男装类商品，男性用户偏多。当投手在前期不确定投放计划如何选择性别时，可以按照男、女、男+女，分别设置三条投放计划，进行性别的AB链测试。最终根据测试的结果来选择性别定向。

（3）年龄

对于年龄定向，要看目标人群是否有年龄的限定。系统将年龄段大致分为：18～23岁，24～30岁，31～40岁，41～49岁，50岁以上等。我们按照商品的受众人群，可以将其大致分为：青年、中年和老年。当投手前期不确定年龄段的范围时，可以按不同年龄段设置多条投放计划，进行年龄的AB链测试。最终根据测试的结果来选择年龄定向。

8. 行为兴趣定向

行为兴趣定向也称为徕卡定向。这里的"行为"就像用户喜欢一个人，会付出实际行动一样，如送花、约会、逛街等；而这里的"兴趣"就像用户喜欢一个人，只会暗恋一样，如关注动态等。所以，行为定向直接地反映用户的需求，用户具备精准的电商标签和成交标签；而兴趣定向只能间接地反映用户的需求，用户具备兴趣标签，但不一定产生实际的电商行为。具体来说，行为定向的用户可能在同类别的直播间成交过；兴趣定向的用户可能在同类别的直播间停留、互动过，但没有成交。

关于行为和兴趣的选择，笔者建议，当账号在冷启动期时，选择自定义，不要选择系统推荐。因为账号在冷启动期时，平台还不知道直播间需要什么样的精准人群，没有被打上精准标签，也没有建立模型。这个时候，如果选择系统推荐，那么平台探索的人群往往非常不精准。而自定义可以将非目标人群过滤掉，将精准人群导入直播间。当账号度过了冷启动期时，平台经过一段时间的搜索，已找到了目标人群，就可以适当选择系统推荐。

常见的行为场景包括电商场景、资讯场景、App推广场景。由于巨量千川投放的是直播带货的直播间，所以我们一般选择电商场景。但是，目前平台进行了能力升级，已经不再支持"行为场景"的选择和展示。但存量项目的投放不受影响。

关于行为中用户行为天数的选择，要根据用户购买直播间商品的频次而定。例如，对于家具类的商品，用户在购买后的很长时间内不会再购买，用户的行为天数可以选择得相对长一些，一般为90天以上；像零食、家居清洁、洗护、美妆类的刚需商品，用户的行为天数可以选择得相对短一些，一般为30天以内。

关于行为和兴趣的类目词和关键词的选择，系统会根据类目词的选择推荐关键词，而类目词要根据直播间商品的使用场景和属性确定（见图3.9）。关键词的分类一般可以分为核心词、价格词、公司词、口碑词、问答词、区域词等。例如，

（1）核心词：直播带货培训。

（2）价格词：直播带货的培训学费。

（3）公司词：直播带货培训机构、直播带货培训学校。

（4）口碑词：哪家机构或学校直播带货培训做得好。

（5）问答词：哪里可以学习直播带货。

（6）区域词：杭州直播带货培训。

很多投手在搭建计划，选择关键词的时候，会使用竞争对手的品牌。在这里，笔者强烈提醒大家，千万不要这样做。因为这个账号一旦将竞争对手的品牌作为关键词，就会侵犯别人的注册商标和知识产权，如果对方律师追究侵权行为，那么账号对应的主体是要承担法律责任的。我们做任何事情都必须合法，大家要切记！

图3.9 行为兴趣界面

9. 抖音达人定向

抖音达人定向是指选择与直播间销售的商品相关的达人账号进行投

放，这里的达人最多可以选择30个，也可以选择自己的粉丝进行投放。选择互动的行为包括关注、评论、点赞、分享直播间等。在这里，笔者建议大家在选择达人前，一定要搜索点击达人账号，确认达人账号与推广的商品是否存在关联性。如何确定？我们可以查看达人的带货视频、商品橱窗以及直播间的小黄车商品列表（见图3.10）。

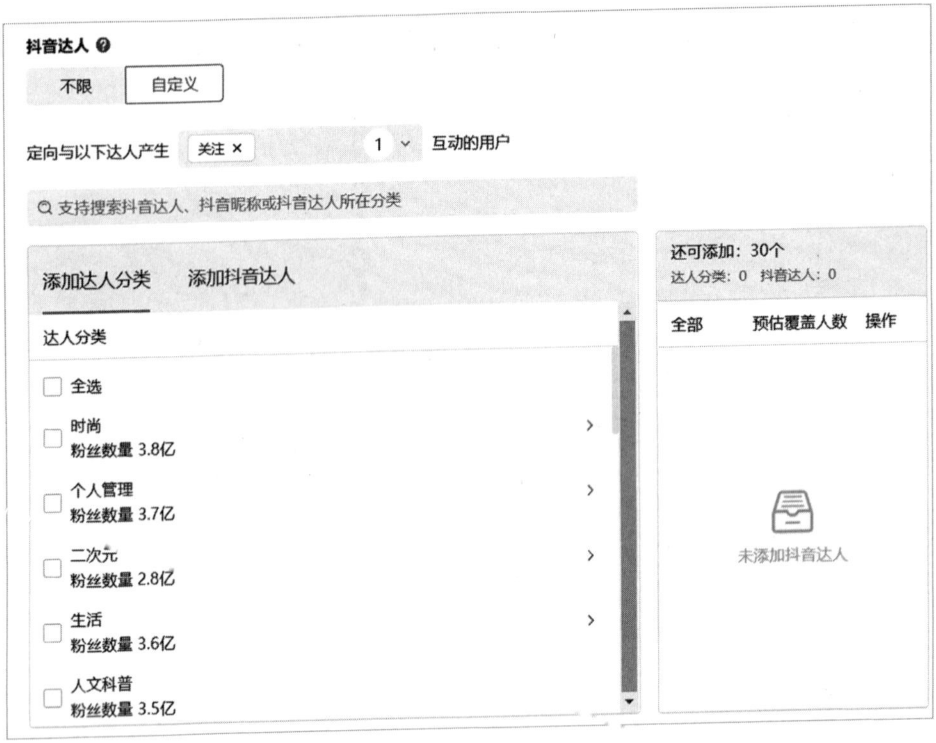

图3.10 抖音达人界面

但是，以下三种达人账号不具有定向作用，笔者不建议选择。

第一，明星达人的账号。

由于明星的名人效应，很多粉丝会关注明星账号。这些粉丝可能喜欢明星的音乐、电影、电视剧等艺术作品，而非喜欢明星推荐的商品。这些账号的粉丝数量庞大，标签不精准。

第二，强人设、强IP属性的达人账号。

由于达人的强人设、强IP属性，很多粉丝对达人产生很强的信任和依赖。这种直播间一般会推荐一些性价比高的白牌商品，这种账号的粉丝很难通过选择达人定向进行迁移。

第三，强商品卖点的达人账号。

这种直播间的主播推荐的商品具备很强的卖点，主要体现在商品的原材料、外观、生产工艺、功能效果、商品服务、商品背书、时间、地理位置、商品理念、商品价格等方面。这种账号的粉丝一般对商品性价比的要求比较高。如果你的商品卖点竞争不过这种直播间的商品，即便你选择了这种账号作为达人定向，平台推荐的达人粉丝也不会买单。

10. 智能放量

智能放量就是平台在原有定向的基础上，根据账号积累的数据，逐步放开定向，探索到更多的目标人群。例如，直播间销售的是老年羽绒服，计划一开始选择的年龄定向是50岁以上的中老年人群，如果启用智能放量，开放年龄定向，平台就会探索到更加年轻的人群，那么，这些年轻的人群就会为自己的父母购买羽绒服。

关于智能放量的使用场景需要建议如下三点。

第一，在账号处于冷启动期时，笔者不建议启用智能放量。因为在这段时间，账号还没有建立起模型，需要靠较窄的定向，探索到目标人群。如果账号开启了智能放量，账号就可能会跑飞，如果后期账号想把人群变得更精准就会很困难。

第二，当账号开始跑量，转化成本接近广告出价，ROI高于目标ROI时，笔者建议投手复制3条计划，将广告出价提高10%，并启用智能放量。因为账号在跑量一段时间后，平台已经探索到目标人群，账号建立起模型，被打上精准标签。为了探索到更多的目标人群，可以利用新计划开启智能放量，放开人群定向，让系统再次探索目标人群。

第三，当计划衰退时，笔者建议启用智能放量。一个计划的生命周期在3~7天，当同样的素材多次触达同类型的用户时，为了不影响用户的体验，平台会对素材进行频控。受到频控的素材计划会逐渐衰退，如果投手启用智能放量，放开人群定向，平台将重新探索目标人群，新的人群将延缓计划的衰退（见图3.11）。

图3.11　智能放量界面

11. 直播间创意

（1）创意形式

创意形式就是巨量千川广告展现给用户的样式。目前，巨量千川广告的创意形式分为两种：第一种，直播间画面，即巨量千川广告直接将直播间的实时画面推送到用户面前，用户手动点击"进入直播间"按钮，进入直播间（简称直投）；第二种，视频（这里的视频泛指短视频），即巨量千川广告将带货短视频推送到用户面前，用户通过优质的短视频内容被"种草"商品后，点击短视频的头像呼吸灯，进入直播间（见图3.12）。

那么，什么样的直播间适合选择直投，什么样的直播间适合选择短视频？

直投展现给用户的是直播间的实时画面，直播间的实时画面能否对用户产生视觉冲击力，决定了用户是否会进入直播间。影响用户产生视觉冲击力的因素包括主播的创意形象，主播强感染力的直播话术，主播的高昂情绪，直播间的创意场景，直播间的热闹氛围，直播公屏上充满诱惑的优惠信息，直播间的爆款商品，甚至包括直播间的网速、道具等。所以，直投有太多的不确定性。如果是白牌直播间，那么笔者不建议选择直投，如果是以下直播间，那么笔者建议选择直投。

第一，明星的直播间。

由于明星效应，一般刷到这种直播间的用户都会点击进入直播间。但由于没有经过短视频的定向筛选，直投的流量一般比较泛，所以，对于账号人群定向（用户基础定向、徕卡定向、抖音达人定向、DMP人群包定向）的设置要窄一些。这种直播间在开播后半小时内选择直投的目的是通过冷启动期大量用户的停留和互动，撬动平台更大的流量池奖励。

第二，投产比要求极低的直播间。

例如，直播间销售的是1元的引流品，9.9元包邮的福利品，19.9元的爆款利润品。在这种直播间，主播强大的转化能力加上刚需的低价爆品，可以将直投流量精准转化。

第三，短视频计划难过审的直播间。

选择直投的巨量千川计划几乎秒过审核。有些健康类直播间投放的商品带有一定的保健功效，选择短视频计划会很难过审，因此可以选择直投计划。

第四，活动大促期间的达人直播间。

抖音的活动大促包括618大促、818大促、双11大促。在大促期间，很多达人的直播间会选择直投的创意形式。直播间通过福袋抽奖，将用户的停留时长做到极致，以此撬动平台更大的流量池奖励。

大部分的白牌直播间创意形式会选择短视频。"黄金前3秒"的内容设计会提高短视频的完播率，再通过商品的人群画像分析，用户使用场景的营造，商品强卖点的塑造，福利营销的吸引，饥饿营销的逼单，打消用户的顾虑，结尾直播间的引导等策略，让用户"种草"商品，并对商品产生购买需求，最终，精准的目标人群进入直播间，有些用户甚至进入直播间直接下单购买。

（2）创意类型

创意类型分为程序化创意和自定义创意。程序化创意一般会上传多个短视频以及创建多个创意标题，系统会根据上传后的数据，选择比较好的短视频和创意标题进行投放。自定义创意就是一个固定的短视频搭配一个创意标题。如果短视频素材比较多，笔者建议一个计划搭配3个短视频，5个创意标题，通过程序化创意的智能优选，最终让计划跑出比较好的效果（见图3.12）。

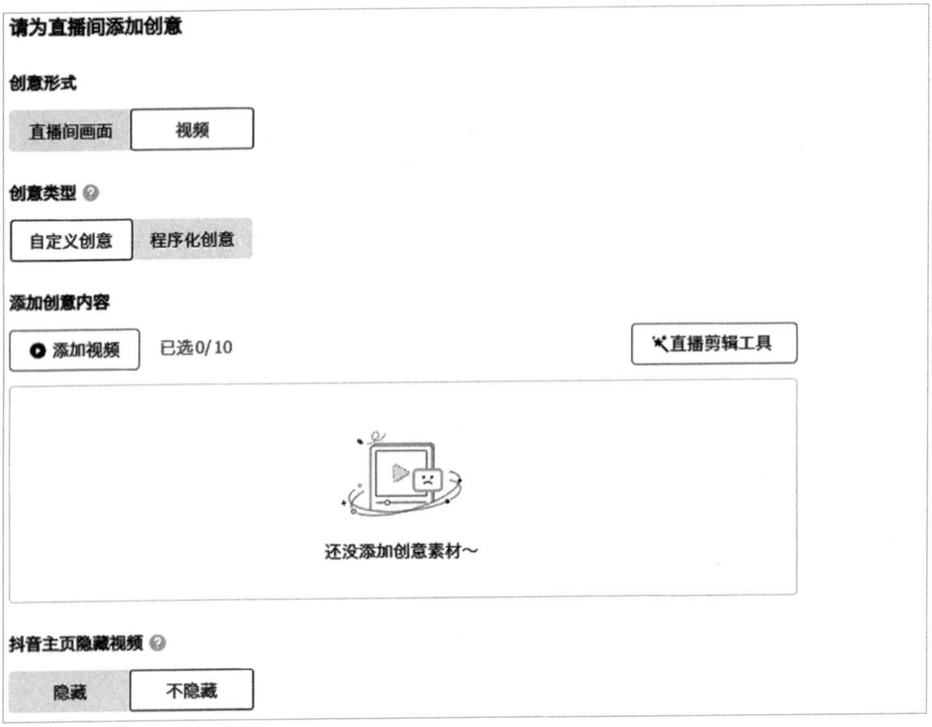

图3.12　直播间创意界面

（3）创意标题

创意标题如何创建？笔者总结了如下十点。

第一，标题添加动态词。动态词包括地点、日期、年龄。动态词符号用"{ }"表示。如"{地点}发福利了！'直播理论+直播实操+直播技巧课程'，现在报名只需1元"。

第二，用一些加强符号。如"【打工人学直播】，现在报名，1元学1周！赶紧抢购"。

第三，提炼核心卖点。如"开启直播人生，每天学习20分钟，15天15元直播带货培训课，1天只要1元"。

第四，平台背书。如"在新东方可以学直播带货啦！第一期训练营火热报名中"。

第五，饥饿营销。如"每人限购一次！15元拿走15节'直播理论+直播实操+直播技巧'课程，报名只限本周"。

第六，羊群效应。如"{地点}的带货主播都在使用【易赴课堂App】免费学习，大家赶快下载"。

第七，欲扬先抑。如"易赴课堂的老师太土了，但是老师的课程内容干货满满"。

第八，戳中痛点。如"直播培训市场鱼龙混杂，到处都是割韭菜的现象。试试这家直播课堂，学会了再给钱"。

第九，提出疑问。如"面对镜头不敢直播？0元报名'易赴课堂'，手把手教你学会直播话术"。

第十，通知提醒。如"通知{区域}的带货主播，【易赴课堂】免费招收学员！报名只限今日"。

（4）创意分类

创意分类要选择与推广商品相关性最大的品类。投手在搭建创意分类计划时，可以尝试不同的细分品类进行测试。同时，在实际ROI超过目标ROI时，投手将原计划复制3条，通过修改创意标题、创意分类、创意标签以及翻拍爆款视频，最终可以探索到更多的人群（见图3.13）。

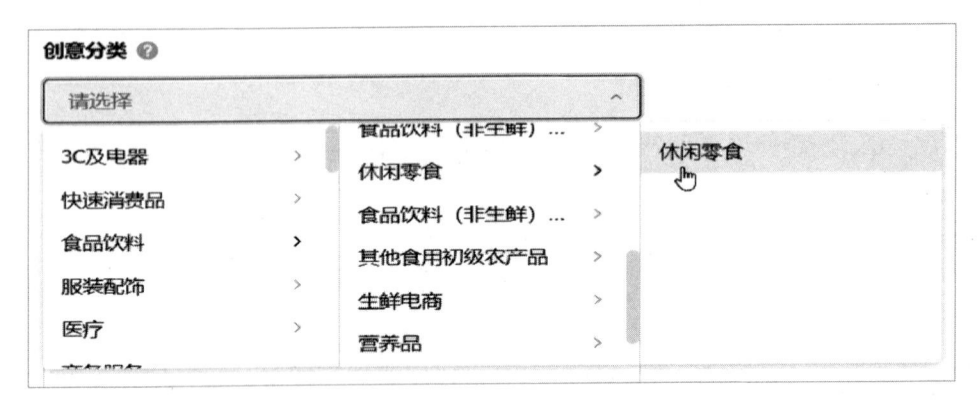

图3.13　创意分类界面

（5）创意标签

创意标签一般按照商品的关键词进行设定。常见的关键词包括核心词、价格词、口碑词、公司词、地域词、问答词等。在这里，笔者建议大家选择商品的核心词作为创意标签（见图3.14）。

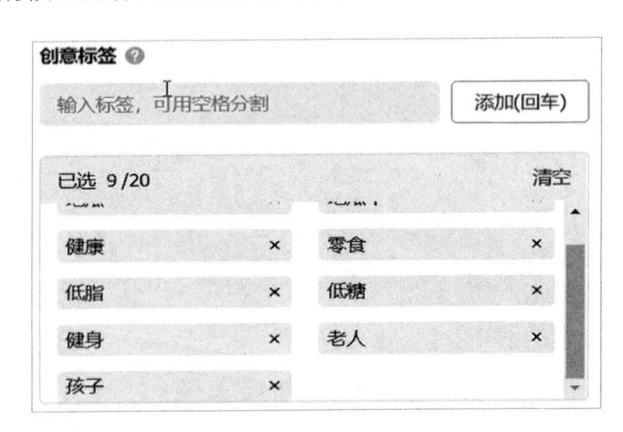

图3.14　创意标签界面

12. 计划名称

计划名称就是计划命名。笔者在这里强烈建议，投手按照计划的内容标签化设置计划名称。例如，计划创建的时间是2021年12月15日，优化目标为直播间成交，投放方式为控成本投放，投放速度为均匀投放，用户基础定向设置为女性、50岁以上，徕卡定向为培训学习，广告出价35元，直播间创意形式为视频，那么计划名称就可以设置为2021-12-15-成交-控成本-均匀-女-50岁-培训学习-出价35-短视频。

广告组可以按照直播间的商品进行分组设置。例如，12-15直播培训课投放组。

13. DMP人群包定向

我们先来了解一下DMP的含义。DMP指的是数据管理平台，是Date Management Platform的缩写。

DMP人群包指的是通过DMP对设定的定向规则进行过滤、筛选和匹配后，用交集、并集、排除法等组合形成的一组人群数据包。DMP人群包包括八大消费者、品类人群、基础人群、广告人群、店铺人群、直播间人群和场景推荐人群。

笔者建议，大家不要在新号的冷启动期使用DMP人群包定向，但可以在广告投放的中期和后期使用。同时提醒大家，DMP人群包适合小众赛道商品的投放。

目前，DMP人群包共有四种玩法。

第一种，单人群包。只选择一个本身有多种画像的人群，圈定这个人群进行投放。

第二种，交集人群包。选择有2～3个画像的人群，这里的交集不要设置太多，交集选择得越多，人群覆盖的范围就越小。

第三种，私域并集人群包。投手将最近一段时间投放过并表现优异的计划拉进并集里，点击投放，可以对已触达的人群进行再次投放。

第四种，排除法人群包。巨量千川计划无法通过常用的定向设置排除某类特殊人群，而排除法人群包可以单独排除这类人群，如高退货率人群。

（1）八大消费者人群

八大消费者人群包括小镇青年（四线及以下城市，青年群体），小镇中老年（四线及以下城市，中老年群体），Z世代（三线及以上城市，年轻群体），精致妈妈（三线及以上城市，精致妈妈），新锐白领（三线及以上城市，青年白领），资深中产（三线及以上城市，中年白领），都市蓝领（三线及以上城市，蓝领群体），都市银发（三线及以上城市，中老年群体）（见图3.15）。

图3.15　DMP人群包——八大消费者

（2）品类人群

品类人群指的是在各个品类下拥有不同消费行为的人群，根据行业品类偏好分为潜在人群和核心人群。

潜在人群：在所选行业中尚未购买过任何商品，但结合历史购买/内容兴趣预估在本行业内有较高转化可能的人群。

核心人群：在所选行业中经常购买的核心人群。

行业购买力特征：统计周期内，在所选行业中，支付订单频次/订单数/订单金额处于中等偏上的人群。

行业订单频次活跃人群：统计周期内，在所选行业中，支付订单频次在该行业全部已购买用户中处于中等以上的人群。

行业订单天数活跃人群：统计周期内，在所选行业中，支付订单天数在该行业全部已购买用户中处于中等以上的人群。

行业中高ARPU人群：统计周期内，在所选行业中，支付订单金额在该行业全部已购买用户中处于中等以上的人群（见图3.16）。

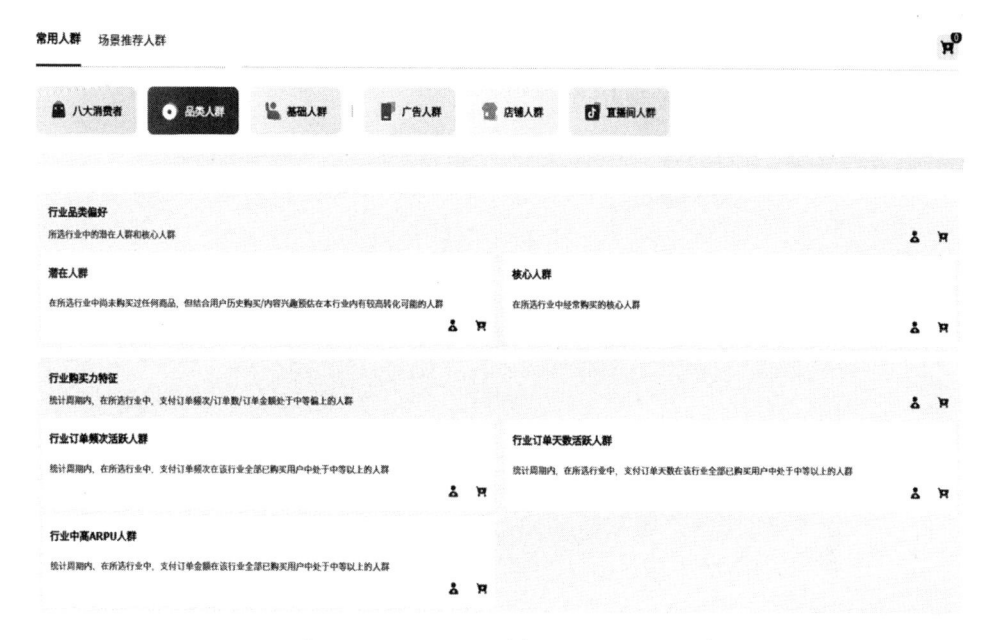

图3.16　DMP人群包——品类人群

（3）基础人群

基础人群指的是通过年龄、性别、地域、消费、活跃度等基础的人群画像特征划分的人群。

基础属性包括年龄（人群年龄预估），性别（人群性别预估），职业（根据全网行为，综合预测用户职业属性），人生阶段（基于用户的行为特征，判断所处的人生阶段）。

地域特征包括城市级别（分为一线/新一线/二线/三线/四线/五线/港澳台城市），地域（用户所在的省市）。

消费特征包括消费能力预测（根据智能算法预估人群消费能力，分为：高消费、中消费、经济型消费），小区等级（综合不同级别城市的房价情况，预测用户的小区等级），有车人群（根据用户行为预测用户是否有车），手机价格（用户使用手机对应的价格区间）。

活跃特征包括活跃时段（根据用户30日内的活跃时段预测用户使用手机的偏好时间段），抖音高广告互动（根据用户在抖音的广告互动行为，筛选出高互动的群体（见图3.17）。

图3.17　DMP人群包——基础人群

（4）广告人群

广告人群指的是前期投放的广告计划已经触达过的人群。投手将最近7天或者15天投放并表现优异的广告计划集中起来，选择展示、点击、转化过的人群，可以对已触达的人群进行再次投放。这些已经与直播间产生互动的人群可以帮助我们提升广告计划的投放效率。针对高复购、高需求的商品，我们可以对已经产生转化的人群进行复投。投手可以拉取最近一段时间购买过商品的用户，使用巨量千川复投，达到用户复购的效果（见图3.18）。

图3.18 DMP人群包——广告人群

（5）店铺人群

店铺人群指的是在我们选择一家店铺后，针对7天或15天内在店铺有过商品收藏、商品加购物车、商品购买、商品复购、订单取消/退货行为的用户，进行人群的选择或者排除（见图3.19）。

（6）直播间人群

直播间人群指的是在我们选择直播间后，针对往期在直播间有过进入直播间、直播间商品点击、直播间下单、直播间支付行为的用户，进行人群的选择或者排除（见图3.20）。

图3.19　DMP人群包——店铺人群

图3.20　DMP人群包——直播间人群

（7）场景推荐人群

场景推荐人群包括3·8女王节、8·18购物节、双11购物节、年货节等场景下的行业大促人群、广告点击人群、直播观看人群、商品购买人群、订单取消/退货人群等。

行业大促人群：精选13大行业的大促参与人群，大促分品类，人群有定位。一般在直播大促的前夕，投手可以反复触达这类人群，即可以为大促预热，又可以提升广告的投放效率。

广告点击人群：本广告账号30/60/90/180天内广告点击人群。在巨量千川计划的冷启动期，这类人群可以帮助系统尽快建立模型，打上标签，度过冷启动期。

直播观看人群：对应抖音号15/30/60天内直播观看人群。在直播的冷启动期，投手可以圈选这类人群强化直播间用户的停留和互动行为，提升直播间的人气。

商品购买人群：对应店铺30/60/90/180天内商品购买人群。在测爆款期，投手可以反复触达这类人群，最终让他们产生复购。

订单取消退货人群：对应店铺30/60/90/180天内商品取消或退货的人群。对于这类人群，投手可以选择DMP人群包中的排除法人群包玩法做定向排除，以减少商品退货率（见图3.21）。

3.5.3 巨量千川账号搭建优化

巨量千川账号的搭建需要投手熟悉巨量千川的每个功能，掌握巨量千川的每个细微的投放技巧。投手需要根据账号实时的转化成本、ROI，及时地调整预算、广告出价以及复制或者关闭计划，修改计划的定向、创意形式等。接下来，笔者将详细地讲述巨量千川账号的搭建技巧及优化建议。

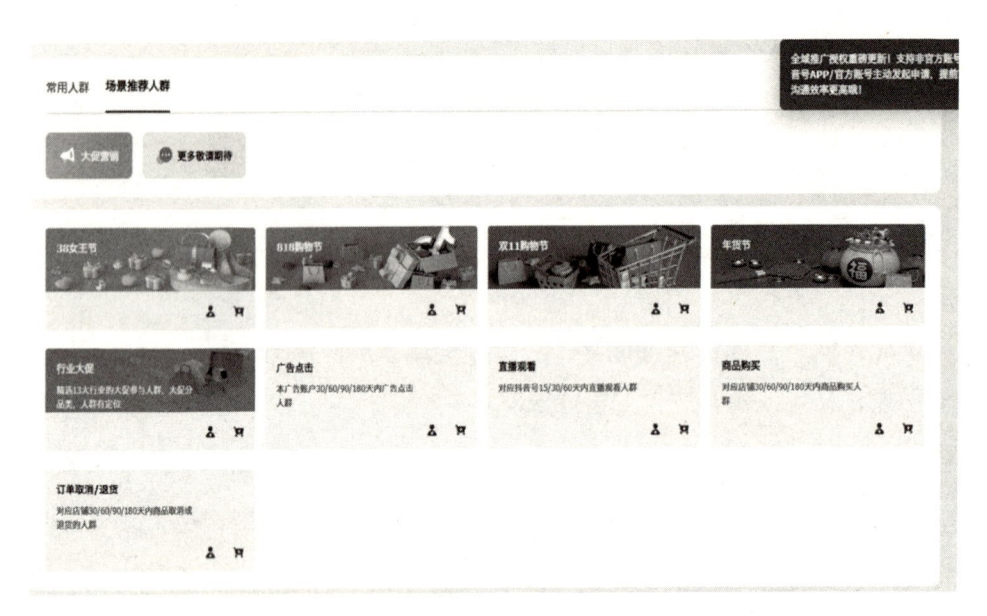

图3.21　DMP人群包——场景推荐人群

1. 账号结构

笔者认为，一个健康、规范的巨量千川账号，应该是1∶2∶5的结构，即一个广告组，2个广告计划，5个创意素材。不同的广告计划应该在定向、创意形式、创意标签等中有所差异，以免素材之间因为频控产生相互干扰和抢量的现象。

同时，优质健康的计划需要投手均衡地搭建。投手每天搭建计划的数量要尽量保持稳定，切不可一次性搭建并同时开启，可以一次性搭建计划，分批次开启计划。笔者建议投手每天新建30个计划，不建议新建更多计划。

2. 投放方式

在账号的冷启动期，系统在选择投放方式时，笔者建议控成本投放计划占比80%，放量投放计划占比20%。等账号过了冷启动期，再逐步降低放量投放计划的占比。

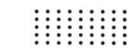

3. 投放速度

在账号的冷启动期，系统在选择投放速度时，笔者建议全部选择尽快投放。等账号过了冷启动期，再修改为均匀投放。预算分配不均匀会导致账号消耗过快或者过慢，账号要提前做好预算分配，尽量均匀地增加账号预算，把握好账号的投放节奏。

4. 优化目标

在账号的冷启动期，系统在选择优化目标时，笔者建议优化目标为"直播间成交"的计划占比80%，优化目标为"直播间商品点击"的计划占比10%，优化目标为"直播间下单"的计划占比10%。等账号过了冷启动期，再将优化目标为"直播间商品点击"和"直播间下单"的计划占比降低，并逐步将优化目标修改为"直播间成交"。

5. 计划预算

笔者建议计划预算统一设置为500元，千万不要拉满。预算是用来兜底的，如果账号设置为拉满通投，只会带来预算秒撞线以及血亏的惨痛教训。

在计划跑量后，如果计划的实时ROI呈正向增长并大于等于目标ROI，且消耗预算达到80%时，我们就需要增加计划预算，每次增加的幅度为500~1000元。切不可在计划撞线后再增加预算，这样将会出现计划爆成本或者空耗的现象。

在计划跑量后，如果计划的实际ROI呈负向减少并小于目标ROI，且计划的转化成本大于广告出价的1.5倍时，我们就可以减少预算，直至关闭计划。

如果主播在次日凌晨仍在直播，投手务必在凌晨将计划预算改回500元，否则计划可能会出现爆成本的现象。

当放量投放计划开始跑量，且ROI比较好时，如果我们复制了这条计划，笔者建议将预算设置为500元，否则计划可能会出现爆成本的现象。

6. 计划出价

当投放方式选择控成本投放时，系统会要求我们为当前计划出价，笔者建议运用前文提到的公式：广告出价≈广告客单价÷目标ROI。目标ROI是根据商品的毛利润以及广告消耗占比综合计算的。

关于广告出价的优化建议，笔者总结了如下四点。

第一，在账号的冷启动期，当计划跑不出量，没有消耗时，我们可以适当地提高出价。等计划开始跑量且实际ROI大于等于目标ROI时，我们再降低出价。

第二，当投放效果较好且实际ROI大于等于目标ROI时，我们可以将此计划复制3次，每次按照阶梯提升10%的价格。接着，再翻拍每个计划的视频素材，修改创意标题、创意分类和创意标签。计划过审后，每半小时开启一个新计划。

第三，当投放效果不好且实际ROI小于目标ROI时，我们需要降低出价。当转化成本（实际消耗）大于广告出价的1.5倍，或者计划跑量20分钟后，实际ROI仍然小于目标ROI时，我们再关闭计划。

第四，当我们修改计划出价时，一定要注意出价的小数点位置以及小数点有没有输入成功。

7. 定向设置

按照定向的宽窄，可以分为单定向（如用户基础定向），二维定向（如用户基础定向+徕卡定向），三维定向（如用户基础定向+徕卡定向+达人定向），四维定向（用户基础定向+徕卡定向+达人定向+DMP人群包定向）。单定向属于宽定向；二维定向、三维定向和四维定向属于窄定向。

一般情况下，定向设置得越宽，广告出价越低；定向设置得越窄，广告出价越高。定向设置得越宽，ROI越小（此处及后文提到的ROI为实际ROI。）；定向设置得越窄，ROI越大。定向设置得越宽，起量周期越短；定向设置得越窄，起量周期越长。由此我们会发现，定向的宽窄与广告出价、ROI、起量周期均成反比。

在账号的冷启动期，笔者建议设置窄定向，因为在这个阶段，账号没有建立模型，没有被打上精准标签，平台只有靠窄定向才能探索到更为精准的人群。

当投放方式选择放量投放时，笔者建议选择窄定向。因为放量投放一般采用系统自动出价的方式，账号很容易跑飞。如果我们选择窄定向，可以降低账号爆成本或者空耗的风险。

当创意形式选择直播间画面时，笔者建议选择窄定向。相对于视频，选择直播间画面的投放速度比较快，窄定向可以避免账号跑飞。

当定向设置为DMP人群包中的排除法人群包时，如订单取消退货人群，请注意，切不可将排除包用于正向选择。

在设置定向时，笔者不建议选择通投。特别是在账号的冷启动期，账号务必要设置定向。通投只会导致账号秒撞线，设置窄定向的计划可以帮助账号快速度过冷启动期，同时提升ROI。

8. 智能放量

当定向设置得过窄时，如果计划始终没有消耗，我们可以开启智能放量。平台会在圈选的定向人群基础上，探索定向之外的更多人群。

当计划正常投放3~7天后，会进入衰退期，计划的消耗会逐渐降低。这时我们可以开启智能放量，平台会在原来圈选的定向人群基础上，重新探索新的人群，新的人群会延缓计划的衰退。

9. 创意形式

普通的白牌直播间对于创意形式的选择，笔者建议全部采用视频的形式。因为视频素材是最好的定向。优质的短视频内容是按照"黄金前3秒+用户画像+用户使用场景+商品卖点+福利营销+饥饿逼单+打消顾虑+结尾直播间引导"的营销思维设计并拍摄的，投放短视频确实可以筛选对商品没有需求的用户，将精准用户吸引进入直播间。

10. 计划命名

计划命名要清晰规范。笔者建议投手将与商品相关的关键词设置在计划名称中，以便于数据盯盘以及数据分析。

11. 提前搭建

很多投手会在直播开始后再搭建账号，这种做法是不妥的。笔者认为，巨量千川账号的搭建至少在直播开始前2小时。如果计划的创意形式选择视频，视频的素材是需要经过抖音官方平台审核的。

比如，如果短视频的演员是明星或者达人，抖音官方平台会要求他们提供肖像授权书，如果这时他们已经在直播，就没有时间提供肖像授权书。再比如，短视频素材因为某些原因违规，抖音官方平台要求修改短视频，如果这时主播已经在直播，短视频团队是来不及重新拍摄或者修改的。

所以，笔者建议，投手务必要在直播开始前2小时，搭建好巨量千川账号，并通过审核。当投手真的遇到了以上两种情况时，笔者建议将计划的创意形式改为直播间画面。因为直播间画面是不需要抖音官方平台审核的。

12. 多账号搭建

笔者建议，同一个公司主体多开几个巨量千川账号，或者同一个公司主体多注册几家公司，再用不同的公司主体多开几家巨量千川账号。这样，相似的视频素材可以避免相互竞争抢量，避免产生不必要的内耗。

13. 及时盯盘

账号的转化成本、ROI等数据是实时变化的，投手需要每隔5分钟盯盘一次。对于投放效果好的计划，需要多复制，按照一定的阶梯百分比提高出价，放宽定向并增加预算；对于投放效果不好的计划，需要降低出价，降低预算，收窄定向甚至关闭计划。

如果投手不及时盯盘，账号的ROI可能很差，计划可能出现跑飞（爆成本或者空耗）的现象。

14. 创意素材

同一视频素材触达的用户多了，平台会给予一定的频控。一个巨量千川计划的生命周期是3~7天，为了避免计划衰退，我们可以修改创意标题，翻拍爆款短视频。视频素材的类型不能过于单一，口播、轻剧情、音乐剧等类型都可以尝试。笔者认为，一个有创意的素材应该满足内容容易制作，通过审核且短期内不被平台拒审，预算消耗快，订单转化好，ROI超过目标ROI等条件。

素材的新鲜度和上新数量都要保持固定。摄影部每周会给予一定数量的素材，投手需要按照每周的投放时间，有计划地稳步上新，切不可一次性投放。素材的持续更新可以延缓计划的周期性衰退。

15. 流量高峰

抖音的流量高峰一般在周一至周四的晚六点至晚十一点，周五的晚六点至次日零点，周六、周日以及其他法定节假日的全天。当主播在流量高峰时段进行直播时，投手需要多准备一些新计划，以备直播间爆单。请注意，节假日前的投放订单比较多，平台的审核相对较慢，投手需要提前储备计划并提交审核。

16. 账号余额

账号的可用预算一般指的是在计划预算、组预算、账号余额中的最小值。平台会根据账号的可用预算进行流控。笔者建议大家要检查账号的可用余额，确保账号余额能满足当日消耗的同时，再富余3万元。特别是在法定节假日以及大促活动期间，预算消耗得比较快，但账号充值后的到账时间可能会延迟。

17. 账号异常

账号异常一般是预算撞线，账号跑飞，账号消耗不均匀以及平台限流等原因。

当账号被限流时，可能是直播间出现了违规现象，也可能是店铺的体验分在4.42分及以下，店铺被平台中高度限流了。当平台判断该店铺为垃圾店铺时，直播间很难拿到优质流量。

笔者建议，在直播间开播前，投手要综合分析店铺的评分等级。对于评分低的店铺，不建议商品挂小黄车。

3.5.4　巨量千川素材审核机制

巨量千川计划审核一般指的是短视频素材审核，包括创意标题、视频文案、视频画风、视频配音、商品资质、注册商标、人物肖像等。

1. 巨量千川的审核分类

巨量千川的审核分为广告审核、内容审核、电商审核。广告审核依据《中华人民共和国广告法》，内容审核依据《抖音社区自律公约》，电商审核依据《中华人民共和国电子商务法》。

2. 巨量千川的审核结果

巨量千川的审核结果分为以下三种。

第一种，审核不通过。平台会给予审核不通过的理由。

第二种，部分审核通过。平台会给出审核建议，部分审核通过的计划可以投放，但是投放的计划会被限量。

第三种，审核通过。计划可以正常投放，计划显示"学习中"，也就是计划处于冷启动期。

3. 巨量千川的违规处罚

对于没有过审的计划，不会受到惩罚。对于审核通过的计划，平台会给予人工巡检，一旦发现存在计划误审的问题，计划就会被下架。违规程度分以下三种。

第一种，低等级违规。

审核员不同，审核结果不同。同一个计划，有的审核员会审核通过，有的审核员会判定违规。判定结果存在一定的争议。

第二种，中等级违规。

审核员会直接下线违规计划，并给予审核不通过的理由。

第三种，高等级违规。

审核员会直接下线违规计划的同时，根据违规程度，给予没收保证金、扣除相关业绩、限制开新号，甚至关停巨量千川账号的惩罚。

4. 巨量千川的审核机制

巨量千川的审核机制分为四种，分别如下。

第一种，人工审核。

平台会抓取10条待审核计划并随机分配给审核员审核。

第二种，机器审核。

常见的机器审核不通过的情况如下。

（1）画面搬运，将别人的带货视频直接下载后投放。

（2）明星切片搬运，原创度过低。

（3）视频画风明显违规，例如，色情类、暴力类画风。

第三种，机器辅助人工审核。

视频被机器抽成一帧帧图片，如果机器发现图片存在违规的可能，就会将计划推送给审核员审核。

第四种，巡检审核。

对于审核通过的计划，平台会给予人工巡检。一旦发现计划误审的问题，计划就会被下架，甚至账号会受到一定的违规处罚。

5. 巨量千川常见审核规则

在这里，笔者总结了常见的十大违规现象，分别如下。

第一，夸大功效。

视频中不得涉及不符合商品现实，夸大商品功效和服务的宣传，不得误导消费者购买。

第二，虚假价格。

视频中不得涉及虚假价格描述，虚假比价，虚假降价，不得诱导消费者购买。

第三，虚假测试。

视频中不得用非正常的方式使用商品，不得用暴力方式测试商品质量。

第四，虚假服务。

视频中不得涉及对服务内容的虚假宣传，不得使用"无效退款/包赔""无效免费送/不要钱"等词汇。

第五，虚假材质。

如果视频中涉及如桑蚕丝、真皮类、乳胶类、金银玉石类、稀有木料等特殊材质，需要提供相关材质质检报告，否则不得用于广告宣传。

第六，虚假数字。

视频中不得涉及虚假的统计数据。如果没有相关权威机构的报告证明，不得用于广告宣传。

第七，缺少商标授权相关证明。

如果视频中涉及第三方品牌商品，需要提供第三方《商标授权证明书》以及《经销商授权书》。

第八，缺少肖像授权相关证明。

视频中涉及明星或者达人的肖像，需要提供相关人员的《肖像权使用授权书》以及《肖像授权承诺函》。

第九，缺少食品生产与经营相关证明。

如果视频中涉及食品销售，需要提供广告方的《食品经营许可证》以及生产方的《食品生产许可证》。

第十，缺少化妆品生产许可和检测报告。

如果视频中涉及美妆类商品销售，需要提供生产方的《化妆品生产许可证》以及商品的检测报告。

第 4 章

直播货品

/ 学前提示 /

直播带货的"三驾马车"是人、货、场。其中,"货"指的是货品,货品选择直接决定了直播的成败,即"选品定生死"。选品的前提是识品。本章将着重介绍引流品、福利品、利润品、对比品、赠送品的特点、作用和放单技巧。

我们认识了直播货品,便需要掌握选品的原则和技巧。我们学会了选品,便需要学习组品,即将引流品、福利品、利润品、对比品、赠送品进行科学地排列组合。根据直播间的实时流量和成交数据,进行测品和商品返场。

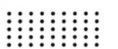

4.1 直播识品

直播间就像一家卖场一样，主播是销售员，主播话术是销售话术，直播间的货品就是卖场售卖的商品。

抖音电商分为引流电商和闭环电商。

引流电商是通过抖音短视频平台引流，用户通过引流链接跳转到淘宝、拼多多、京东等第三方平台下单。

闭环电商是在抖音平台内部，用户被平台短视频或者直播间内容种草，产生购物兴趣，直接在抖音小店下单。

直播间售卖的商品来源，一般分为两种。

第一种，直播间商品来自精选联盟。抖音为了促使商家与达人的合作，允许商家通过分佣的形式，委托达人进行售卖。当达人售卖商品后，商家直接发货。当用户确认收货后，平台扣除服务费，按照佣金设置的比例，将佣金和余款分别打给达人和商家的账号。

第二种，直播间商品来自商家自家抖音小店。商家按照商品所在的类目，缴纳保证金，并提交店铺入驻相应的资质和材料。店铺经平台审核通过后，即可发布商品。

按照直播起号的流程，笔者将货品的类型细分为引流秒杀品、承接福利品、爆款利润品、锚点对比品、促销赠送品。接下来，笔者会详细讲述这五款商品类型的特点、作用和放单技巧。

4.1.1 引流秒杀品

我们在前文学习过引流品憋单起号。引流品憋单起号属于自然流起号的一种。在自然流起号的冷启动期，直播间需要大量的用户停留和互动，以此提升直播间的人气指数，提高直播权重。最终，直播间在赛马机制中脱颖而出，平台给予直播间奖励推流，直播间将被推送到更大的流量池中。

情绪冲击力决定了用户的停留。直播间需要推出高价值、低价格、极具吸引力的引流秒杀品，才能够吸引用户停留。例如，超级福袋0元抽取价值8000元的iPhone 14 Pro，1元抢价值6000元的iPad Pro。这种营销策略抓住了人们"爱占便宜"的心理，给用户带来情绪冲击力，使用户愿意留在直播间。

在自然流起号的冷启动期，直播间不仅需要用户的停留，还需要用户的互动。主播通过介绍极致性价比的引流秒杀品，塑造商品的强卖点，通过限时、限量的饥饿营销，让直播间产生一种紧张感和商品的稀缺感，以低于成本价格作为交易条件，主播向用户发起行动指令，要求用户进行点赞、评论、转粉、转团、点亮灯牌、分享直播间等互动。

1. 引流秒杀品的特点

引流秒杀品共具备以下十个特点。

第一，受众广。引流秒杀品是被大多数人熟知、需要，高频使用的商品。引流秒杀品不要选小众商品，尤其是没有被听说过的商品，它们往往不具有吸引力。

第二，价值高。用户普遍认为商品的价值比较高，并产生与之对应的较高心理价位。

第三，拿货成本低。在自然流起号的冷启动期，主播为了吸引用户停留和互动，一般都会以低于成本价格的方式向用户抛售引流品，但这样会导致直播间亏损。为了降低直播间亏损的程度，引流秒杀品的拿货成本比较低，虽然看起来价格比较贵。

第四，并非绝对低价。引流秒杀品与承接福利品之间的价格不要相差太大，直播间成交大量的低价秒杀品将导致直播间被打上低价标签，低价标签吸引低价人群，即"羊毛党"。这样将无法为后续的爆款利润品筛选出优质用户。

第五，品牌化商品优先。品牌化的商品具备品牌价值，被大多数人熟知和接受。直播间的引流秒杀品可以优先考虑品牌化商品。

第六，货源稳定。引流秒杀品可以来自精选联盟，也可以来自商家自家抖音小店。但商品的货源需要稳定。

第七，一见钟情。引流秒杀品要具备足够的吸引力，使用户一看到商品就对其一见钟情。

第八，与正价款形成差异。引流秒杀品不能替代爆款利润品，否则，在后期就会出现爆款利润品卖不出去的现象。例如，直播间售卖的是阿迪达斯价值299元的裤子，引流秒杀品不可以是99元的打折裤子，但可以是一双9.9元的袜子。引流秒杀品与爆款利润品之间不能存在相互替代性。

第九，存在关联性。引流秒杀品与承接福利品、爆款利润品存在商品关联性，三种类型的商品需要是同一赛道的商品。因为直播间前期通过引流秒杀品引导用户的停留和互动，直播间被打上了基础标签和兴趣标签，商品的强关联性有利于直播间引入垂直人群，并有利于后续爆款利润品的销售。例如，直播间销售的是母婴类商品，引流秒杀品就应该是母婴相关商品，假如引流秒杀品是食品，直播间的标签就变成了食品类。这样，后续的直播间将被推送给食品类赛道的人群，不利于母婴类后续商品的销售。

第十，少点套路，多点真诚。例如，有的销售本地团购套餐的直播间，"1元秒杀1两牛肉""1元秒杀1瓶啤酒""1元秒杀一份火锅锅底"，但是所有秒杀品只能堂食，不能打包带走。这明显是一种套路。这种秒杀品很难卖出去。

2. 引流秒杀品的作用

引流秒杀品在自然流起号的冷启动期起到以下六点作用。

第一，一般情况下，引流秒杀品的放单原则是周期循环，多喊少放。

主播利用引流秒杀品周期循环的放单时间介绍爆款利润品的卖点和使用场景，达到销售爆款利润品的目的。

第二，主播利用引流秒杀品多喊少放的憋单时间，塑造秒杀品高价值、稀有的特点，并采用低于成本的价格售卖，以此吸引用户的停留和互动。人气高的直播间将获得高权重，高权重的直播间将撬动平台更大的流量池奖励。

第三，主播将引流秒杀品与承接福利品、爆款利润品设置为关联性商品。商品的强关联性有利于直播间引入垂直人群，有利于直播间快速建模，有利于提高直播间流量的精准性。

第四，引流秒杀品具备很高的性价比。在直播间抢到引流秒杀品的用户会感到幸运和惊喜，这样可以提高用户的忠诚度，增加用户对主播的信任。一个充满信任感的直播间，有利于爆款利润品的销售。

第五，在虚拟绿布直播间，运营人员一般会将引流秒杀品的优惠信息制作成悬浮贴片，显示在直播公屏上；在手机直播的实景直播间，运营人员一般会将引流秒杀品的优惠信息制作成手卡，展现在直播间。这种具有吸引力的优惠信息会让用户产生视觉冲击力，并有利于提升直播间的曝光进入率。

第六，主播在介绍引流秒杀品期间，会向用户发起行动指令。其中的一项指令是转粉，主播会要求用户关注直播间以达到增粉的目的，这样便有利于账号的私域流量沉淀。

3. 引流秒杀品的放单技巧

关于引流秒杀品的放单技巧，笔者总结了如下七点。

第一，在开播后的3分钟左右，主播通过活动话术介绍直播间做活动的缘由。例如，店铺周年庆、主播首播、节假日宠粉福利等。

第二，塑造引流秒杀品价值高的特点，让用户对商品一见钟情，并自愿为商品停留。

第三，通过限时、限量、整点秒杀等活动营造商品的稀缺感。

第四，发出准确的行动指令。主播向用户发起行动指令：直播间点赞、评论、转粉、转团、点亮灯牌、分享直播间。

第五，主播适当憋单，周期循环。主播利用引流秒杀品的憋单时间拉升直播间的在线人数；利用用户的停留时间及时地销售爆款利润品。

第六，主播多喊少放。这里的多喊，不是增加引流秒杀品的数量，而是增加放单次数。为了增加直播间新粉的停留，主播需要增加引流品的放单次数。但为了减少直播间亏损，主播每次放单的数量应该不超过互动人数的30%。当在线人数越来越多时，主播应该逐渐减少引流秒杀品的放单次数。这样既可以减少直播间的亏损，又可以让直播间的用户感受到真正的福利，而不是直播间的套路。

第七，在流量承接期、测爆款期，当主播推出某个承接福利品或者爆款利润品，流量急剧下跌时，主播可以通过本场的秒杀引流品拯救下跌的流量。

4.1.2 承接福利品

承接福利品一般出现在直播的流量承接期。福利品，就是能带给用户福利的商品。在自然流起号的冷启动期，主播通过引流秒杀品吸引了用户的停留和互动，以此撬动了平台的第一波奖励推流。接下来，平台要求直播间能够承接住这波流量。虽然很多主播擅长憋单，吸引了用户的停留和互动，并将直播间的流量峰值拉得很高。但由于缺乏对流量的承接能力，主播没能完成平台对直播间成交密度、UV价值的考核，很快直播间便会被湮没。这是很多玩自然流的主播没能坚持下去的主要原因。

所以，能够承接流量非常重要。直播间想要承接住这波流量，必须有一款非常畅销的福利品，这款福利品卖点充分，性价比高，价格接近成本。承接福利品只有薄利多销，才能满足平台对直播间成交密度、UV价值的考核。完成平台考核的直播间，将获得较高的电商指数以及直播权重。较高直播权重的直播间将再次撬动平台的奖励推流。

1. 承接福利品的特点

承接福利品共具备以下六个特点。

第一，价格居中。承接福利品的价格一般位于引流秒杀品与爆款利润品的中间。承接福利品的价格要高于引流秒杀品，低于爆款利润品。这种设定原则可以洗掉直播间的低价标签，也可以为转卖爆款利润品做出价格铺垫。

第二，薄利多销。承接福利品的利润一般比较薄，甚至保本就可以。直播间为了提高成交密度，需要成交大量承接福利品，这就促成了福利品的薄利多销。

第三，性价比高。承接福利品的商品点击率会达到20%。因为与其他直播间、其他货架电商的同款商品比起来，在同样的质量、同样的款式下，承接福利品的价格更便宜。

第四，卖点强。承接福利品一般具备多个强卖点，这些卖点能够与同款商品有力竞争。承接福利品的强卖点需要足够新颖，给人一种耳目一新，眼前一亮的感觉。

第五，强关联性。承接福利品要与爆款利润品具备强关联性。在流量的承接期，大量的成交数据给直播间打上了成交标签和电商标签，承接福利品与爆款利润品只有保持强关联性，才能吸引垂直人群，才能有利于爆款利润品的销售。

第六，受众广泛。在流量的承接期，主播需要通过强大的转化能力，引导新进直播间的用户完成密集成交。所以，承接福利品要被大部分人需要、喜欢，并被高频使用。

2. 承接福利品的作用

承接福利品在流量承接期起到以下四点作用。

第一，承接福利品薄利多销的特点使直播间承接了平台的第一波奖励推流，直播间完成了平台对成交密度、UV价值的考核，成功撬动了平台的第二波奖励推流。

第二，直播间在流量承接期产生了大量的承接福利品成交订单，高性价比的福利品有利于提升用户对直播间的忠诚度以及对主播的信任。

第三，承接福利品的价格位于引流秒杀品与爆款利润品之间，这种设定原则有利于为爆款利润品做出价格铺垫。

第四，在自然流起号的流量承接期，由于直播间产生了大量的承接福利品成交订单，直播间被打上了电商标签和成交标签，精准化的标签有利于直播间的人群探索，也有利于爆款利润品的销售。

3. 承接福利品的放单技巧

承接福利品一般在自然流起号的流量承接期放单，关于其放单技巧，笔者总结了如下六点。

第一，当平台给予第一波奖励推流，直播间的流量达到较高的峰值时，主播要及时推出承接福利品。

第二，主播需要准备3~5个承接福利品，并对每个承接福利品进行测试，对于成交数据比较好的承接福利品，要设置多次返场。

第三，当主播推出承接福利品，直播间的流量急剧下跌时，为了拯救急剧下跌的流量，主播需要再次返场引流秒杀品。

第四，主播需要少喊多放。直播间售卖承接福利品的真正目的不是为了赚钱，而是为了完成平台对直播间成交密度、UV价值的考核，以此撬动平台的奖励推流。少喊是利用限量这种饥饿营销的方式营造商品的稀有性，多放是利用用户的抢购心理产生密集成交订单。

第五，在售卖承接福利品前，为了营造直播间的紧张感，场控（助播）人员一般会协助主播喊倒计时，并按下上车铃铛。运营（中控）人员点击商品讲解卡，同时放库存。当承接福利品被抢购一段时间后，运营人员会及时报剩余库存，直播间便会再次营造出一种抢购氛围。

第六，当主播在讲承接福利品时，运营人员可以发出抖币福袋，并设置福袋口令。用户在参与福袋抽抖币时，一般会在公屏发弹幕口令，直播间因不断刷屏的口令产生羊群效应。同时，福袋抽抖币会有10分钟的开奖时间，用户会因此产生停留。主播利用用户这10分钟的停留等待时间，及时销售承接福利品。

4.1.3 爆款利润品

爆款利润品一般出现在直播的测爆款期。爆款利润品就是在直播中能产生利润的爆款商品。爆款利润品不仅能引爆直播间，产生几十万元甚至几百万元的GMV，而且能够产生足够的利润，实现直播间的盈利。

爆款利润品必须具备爆点，即拥有让用户产生震撼和惊喜的卖点。为了实现高利润，商品要让客户产生独家记忆。

根据直播间销量增长的特性，爆款利润品分为潜能爆品和日常爆品。

潜能爆品是在最近7天的交易中，销量数据呈螺旋形上升的商品。

日常爆品是在最近30天的交易中，销量数据呈螺旋形上升的商品。

当我们在直播间选品时，一般按照40%的潜能爆品，60%的日常爆品的比例选择爆款利润品。在直播过程中，如果运营人员发现有一款潜能爆品的ROI很不错，成交转化率很高，直播间就应该重点销售这款商品，主播就要延长直播时长，编导就要增加短视频的翻拍数量，操盘手就要将这款潜能爆品真正打爆，实现直播间GMV的飞跃式发展。

爆款利润品遵循季节周期性引爆的规律。我们会发现，去年同季节的爆款，在今年大概率会被引爆。例如，冬季畅销的取暖器、智能暖菜板、电暖桌垫等小家电；夏季畅销的迷你电风扇、防晒霜、太阳镜、防晒衣等。

1. 爆款利润品的特点

爆款利润品共具备以下十个特点。

第一，利润高。直播间售卖爆款利润品的最终的目的是赚钱。前期成交的秒杀引流品、承接福利品在直播间并不赚钱，只有爆款利润品的大额成交订单带来的利润，才能弥补直播间的亏损以及其他成本开支。

第二，具备爆点。这个爆点能解决用户的痛点，当主播塑造了商品的使用场景和爆点后，用户随即被种草，产生购买需求。

第三，用户买得起。爆款利润品的价格不会太贵，用户一定可以买得起。因为只有大部分人买得起的商品，才有可能爆单。

第四，用户买得值。爆款利润品的定价很有技巧。它的定价不在于有多便宜，而在于让用户感觉"占了便宜"，让用户感觉买得值。

第五，用户需要。很多明星直播间的场观有几十万人，但卖不出去利润品。用户不是因为主播是明星而买单，而是因为对直播间的商品产生需要，喜欢商品而买单。所以，爆款利润品应该成为用户的刚需品。

直播兴趣电商不同于货架搜索电商。货架搜索电商的逻辑是用户先有了购买需求，再去货架电商平台搜索，最终经过综合对比，择优下单购买。直播兴趣电商的逻辑是用户先被直播的内容种草，再对商品产生了需求，最终因为福利促销、饥饿逼单等策略在直播间下单购买。其中，对用户而言，爆款利润品必须是刚需品，这种刚需来自主播对商品使用场景的塑造。

第六，信任背书。爆款利润品需要自带信任背书，这样，主播可以打消用户的顾虑，提高订单的转化率。常见的信任背书有国家专利技术、国家保密配方、专家推荐、科研团队研发、明星代言、销量见证、好评见证、媒体正面报道、七天无理由退货、假一罚十、售后承诺等。

第七，质量严选。爆款利润品不仅要在直播间被卖爆，也要追求低退货率和好的口碑，所以商品的质量很关键。主播只有成为一名真正的良心卖家，将物美价廉的商品卖给用户，才能获得用户良好的口碑和信任，建立强大的人设，店铺的体验分才会越来越高，直播才能良性发展。

第八，效果明显。在直播间，主播现场展示商品的使用场景，用户在直播间能直观地感受到商品的实际效果。如果爆款利润品不能马上产生效果，主播就要给用户讲故事，告诉用户真实的使用效果，这样才能获得用户的信任。

第九，解决用户痛点。在测爆款期，主播在讲品时会强调并放大用户的痛点。而爆款利润品所具备的卖点刚好能解决用户的痛点，消除用户的恐惧。痛点有多痛，市场就有多大。

第十，强大的供应链优势。强大的供应链优势包括强大的生产能力，最快的供货速度，完善的售后服务，靠谱的商品质量保证等。

2. 爆款利润品的作用

爆款利润品在测爆款期起到以下六点作用。

第一，爆款利润品让直播间产生了几十万元甚至几百万元的GMV。优秀的电商数据满足了平台对直播间GMV、GPM的考核，以此撬动了平台再一次的奖励推流。直播间将被推送到更大的流量池中。

第二，爆款利润品使直播间成交了大量的正价订单。大量的成交数据有助于直播间被打上精准的电商标签和成交标签，有助于直播间模型的建立，有助于平台探索到更加精准的人群。奖励推流的质量将得到进一步提升。

第三，大量成交的爆款利润品订单可以给直播间带来不错的利润。不错的利润不仅可以养活直播团队，快速度过从0到1的冷启动阶段，而且可以扩展新的直播间，实现矩阵式直播。

第四，如果直播间的商品来自商家自家抖音小店，大量的爆款利润品成交订单可以提高店铺的体验分。体验分在4.72～5分的店铺将被评定为优秀店铺，直播间会得到平台的优先推送，但前提是，成交的爆款利润品是物美价廉的。

第五，如果直播间的商品来自抖音精选联盟，直播间由达人带货，大量的爆款利润品成交订单可以提升达人的带货等级。达人的带货等级分为L1级、L2级、L3级、L4级、L5级、L6级、L7级7个等级。其中，L1级的有效交易额在0～500元；L2级的有效交易额在500～3 000元；L3级的有效交易额在3 000～25 000元；L4级的有效交易额在25 000～75 000元；L5级的有效交易额在75 000～300 000元；L6级的有效交易额在300 000～1 000 000元；L7级的有效交易额在1 000 000元以上。达人的带货等级越高，用户越信任，带货的转化效果就越好；达人的带货等级越高，用户越买单，得到优质流量的机会就越多；达人的带货等级越高，平台的扶持力度越大，内容效果就越好。但前提仍然是，成交的爆款利润品是真正物美价廉的。

第六，直播团队基于销量爆款利润品积累了大量的直播经验；投流团队基于投放爆款利润品计划，积累了大量的投流经验；短视频团队基于拍摄爆款利润品短视频，积累了大量的短视频策划、拍摄、剪辑经验。

3. 爆款利润品的放单技巧

关于爆款利润品的放单技巧，笔者总结了如下七点。

第一，当引流秒杀品憋单起号时，主播循环地放出引流秒杀品，直播间产生了憋单时间以及循环的等单时间。主播抓住用户在直播间停留的机会及时地销售爆款利润品。

第二，在福袋抽奖起号时，主播发福袋，用户参与福袋抽抖币或实物抽奖。抽奖时间一般是10分钟，用户为了等待抽奖的结果选择在直播间停留。主播抓住用户在直播间的停留机会及时地销售爆款利润品。

第三，在流量承接期，直播间成交了大量的承接福利品。平台因直播间较高的电商指数向直播间推送更多的流量。当直播间在线峰值相对较高时，主播可以销售爆款利润品。

第四，经历了直播的冷启动期，直播间因用户的停留和互动，被打上了精准的基础标签和兴趣标签；经历了流量承接期，直播间因成交了承接福利品，被打上了精准的电商标签和成交标签。当直播间模型建立后，直播间的标签逐渐精准化，平台将探索到更加精准的人群，主播可以销售爆款利润品。

第五，在流量承接期，直播间成交了大量的承接福利品。直播间的承接福利品薄利多销，性价比高的特点，加深了用户对主播的信任，这时主播可以销售爆款利润品。

第六，主播讲品到打单的过程要经历"引出痛点+放大痛点+塑造卖点+解决痛点+降低门槛+福利促销+打消顾虑+饥饿营销"8个步骤。当直播间的用户产生了"我需要""我喜欢""我买得起""我买得值""只有今天才值得买"这5种心理时，场控人员随即配合主播打单，倒计时，运营人员配合大量放单。

第七，少喊多放。为了营造直播间的紧张感和商品的稀有，主播会限时、限量、限库存、限地点地喊单，即少喊。当直播间真实打单时，为了能卖出更多的爆款利润品，运营人员便大量放单，即多放。

当爆款利润品被推出后，直播间出现流量急剧下跌，商品销量上不去的现象时，为了减少直播间的用户流失，运营人员需要及时发福袋，主播需要提醒用户参与福袋抽奖。用户在领取福袋的过程中需要在公屏上打出口令，并等待10分钟开奖时间。

当爆款利润品被推出后，直播间出现流量急剧下跌，用户不买单的现象时，主播可以及时返场引流秒杀品。通过引流秒杀品的憋单时间拉一波用户的停留和互动，以此撬动平台的奖励推流。

当直播间出现很多用户点击了商品链接，进入爆款利润品的详情页，创建了订单，但是迟迟不付款，有的用户付款后又退款的现象时，原因有以下三点。

（1）用户认为爆款利润品的价格过高。主播可以通过前文的报价策略让用户接受商品的价格。

（2）用户对商品存在一定的顾虑，主播可以通过信任背书打消用户的顾虑。

（3）用户对主播的不信任。主播可以提升讲品能力，与用户多互动，赢得用户的信任。

4.1.4　锚点对比品

锚点对比品是指直播间为了给爆款利润品设置价格锚点，衬托爆款利润品较低的价格而售卖的一款对比商品。这款对比品具有价格高、利润高、价值高的特点。

例如，直播间的爆款利润品是价值168元，去年款的品牌女装；锚点对比品是价值398元，今年款的同品牌女装。

锚点对比品的购买人群一般分为两种，第一种是高消费人群，追求极致的商品价值；第二种是直播间的老粉丝，相信主播推荐的好物。

锚点对比品能提升用户对爆款利润品的价格接受度，打消对商品价格的顾虑。同时，锚点对比品能提升直播间的UV价值，即直播间的人均消费水平。抖音平台对直播间UV价值的考核有利于提升直播间的直播权重，从而撬动平台的奖励推流。

4.1.5 促销赠送品

直播间的福利促销活动有很多种，如买一赠一、满减赠送、满减优惠、福袋抽奖等。其中买一赠一的赠品就是促销赠送品。当爆款利润品不便于降价时，直播间通过促销赠送品的赠送吸引用户下单购买。

例如，直播间售卖的是一条价值299元的品牌连衣裙。为了维护该品牌的中高端形象，这款商品是不适合降价的，但直播间的大部分用户觉得价格高。这时，直播间有一条标价200元的羊绒围巾。主播首先塑造羊绒围巾的卖点，再通过对比其他货架电商的销量突显羊绒围巾的价值，最后通过拍连衣裙赠送羊绒围巾并承诺连衣裙可以7天无理由退货的方式，成功售卖连衣裙。

综上所述，我们会发现，促销赠送品需要满足以下四点要求。

第一，促销赠送品与爆款利润品存在商品关联性，为同一赛道商品。

第二，促销赠送品要具备一定的价值，否则用户不会珍惜。

第三，促销赠送品拿货成本低，有利于减少直播间的亏损。

第四，促销赠送品同爆款利润品一起销售，如果用户对爆款利润品不满意，可以退货退款，但不用退促销赠送品。这样既打消了用户的顾虑，又让用户感觉"占了便宜"。

4.2 直播选品

一个带货很强的直播间，首先具备的能力一定是直播团队的选品能力，其次是主播的带货能力，直播团队的运营能力，直播团队的场景搭建能力等。我们在前文学习了"直播识品"，清晰地认识了引流秒杀品、承

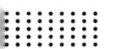

接福利品、爆款利润品、锚点对比品、促销赠送品的特征，接下来，我们需要科学地甄选这些商品。

笔者将从供应链选品、平台选品、需求选品、应季选品、节日选品、测试选品六个方面具体讲述选品过程。

4.2.1 供应链选品

供应链选品是指直播商家从厂家选择商品。根据商品是否为商家自产的原则，供应链分为自有供应链和第三方供应链。

第一，自有供应链。自有供应链是指货源是直播商家的自有工厂。商家有自己的生产车间，有自己的直播团队以及自己的抖音小店、直播账号、巨量千川账号等。随着播商时代的到来，商家自播的情况屡见不鲜。

第二，第三方供应链。第三方供应链是指货源由第三方厂家提供，直播商家只负责销售。目前，这种供货选品方式分为三种情况。

（1）直播间的商品链接来自抖音精选联盟。第三方厂家将商品上架到抖音小店，并申请加入精选联盟，直播商家在直播间销售商品。第三方厂家负责发货、退货、换货等工作，用户确认收货后，抖音平台会扣除平台服务费，将商品的佣金以及剩下的货款分别打给直播商家和第三方厂家的账号中。

（2）直播间的商品链接来自商家自家抖音小店，直播商家在第三方厂家附近建立自有仓库。当直播间爆单后，第三方厂家负责生产，并将商品运输到自有仓库。直播商家负责发货、退货、换货等工作。

（3）直播间的商品链接来自自家抖音小店，直播商家委托第三方厂家一件代发。第三方厂家负责发货、退货、换货等工作，但直播商家需要支付第三方厂家相应的代发服务费。

接下来，笔者将从供应链产业带、供应链生产资质、供应链贴牌、供应链生产能力、供应链云仓服务、供应链一件代发、供应链厂家自播、供应链货盘表八个方面，颗粒级拆解供应链选品。

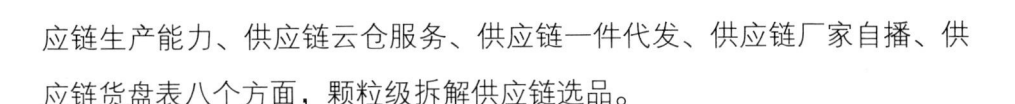

1. 供应链产业带

供应链产业带是指一个带状的链条产业集中区域，是相同或相关产业的基地，在此区域内可以形成产业集聚效应，更好地壮大产业。

直播带货选择线下供应链，优先要考虑产业带。原因如下。

第一，产业带形成了规模供货的优势。当直播间爆单后，产业带的厂家相互抱团，共同生产。这种规模化生产能力为直播间按时发货提供了强有力的后盾，有效地减少了因不能准时发货而出现退款的现象。

第二，产业带具备成熟的生产加工能力。一般产业带内的厂家的商品生产分工明确，设备先进，技术强大。当直播间爆单后，产业带内的厂家不仅能保证生产的产量，还能保证生产的质量。

第三，产业带具备完善的物流运输配套服务。当直播间爆单后，最重要的环节就是将商品送到用户手中。产业带配有成熟的物流和快递网络，相对于其他物流公司，产业带的物流成本更低，服务更完善。

第四，产业带具备商品创新的能力。直播间的商品需要具备爆款潜质，高性价比、强卖点、强视觉冲击力的爆款特性要求产业带内厂家具备非常高的创新能力。

第五，产业带具备快速跟品的能力。当其中一家直播间被打爆了，如果另外一家竞品直播间快速跟品，产业带内的厂家就能快速地生产，而且商品的质量、款式不比第一家差。但是，不要侵犯别人的知识产权。

2. 供应链生产资质

供应链选品首先要考虑的是商品是否具备生产和销售资质。众所周知，抖音小店对商品的生产和销售资质审核得非常严格。如果商品不具备生产和销售资质，便无法上架到抖音小店，无法开展后续的合作。

3. 供应链贴牌

贴牌是定制品牌代加工的意思。

目前，很多产业的白牌商品相对不好销售。例如，对于化妆品产业来说，很多消费者比较相信品牌商品，对商品的安全和质量非常重视。所以，很多化妆品代加工厂家在签约了品牌方，获得品牌方使用授权后，再将品牌商标打到代加工商品上。

直播商家既可以销售品牌代加工商品，也可以委托代加工厂家直接贴上自己的商标。

4. 供应链生产能力

供应链生产能力主要表现在商品规模化生产的质量保证和发货速度上。直播间的退款率往往跟商品的发货速度成反比，发货速度越快，退款率相对越低。抖音小店的体验分往往跟商品的质量成正比。商品的质量越好，体验分相对越高。所以，供应链生产能力非常重要。判断一家供应链厂家的生产能力，笔者建议参考以下五点。

第一，供应链厂家提供服务过的爆单直播间的成功案例以及如何在短期内完成批量生产的服务方案。

第二，直播商家亲自调研供应链厂家，调研工厂拥有多少条生产线以及配套多少生产工人。

第三，如果供应链厂家有自家的货架电商或抖音小店，直播商家可以仔细查看店铺的评分以及用户的订单评价。

第四，直播商家亲自调研供应链厂家，调研厂家目前获得的荣誉资质。

第五，直播商家可以通过天眼查、企查查、启信宝等第三方平台查询供应链厂家是否曾涉及司法案件。如果涉及的大部分司法案件都是因为质量纠纷、期货违约引起的，笔者不建议与这样的供应链厂家合作。

5. 供应链云仓服务

供应链云仓服务是指直播商家为了向消费者提供更好、更便捷的物流服务，选择在供应链厂家附件建立自有仓库。当直播间爆单后，供应链厂家负责生产供货。直播商家通过系统对接抖音电商平台，当消费者下单后，直播商家将订单推送到云仓的WMS系统，当云仓收到订单后，会根据要求进行打单、分拣、打包、发货及售后服务等一系列工作。

6. 供应链一件代发

供应链一件代发是指直播商家为了降低仓储成本，提高发货速度，直接委托供应链厂家从源头发货。但是，供应链厂家要收取一定的代发服务费。一件代发的好处是商品发货快，减少库存和仓储的成本支出。坏处是供应链厂家可能存在订单信息发错的情况。同时，针对退货退款的订单，直播商家需要与供应链厂家进行订单核查，流程相对烦琐。

7. 供应链厂家自播

供应链厂家自播的情况比较常见。很多供应链厂家有自己的抖音小店，直播商家要关注供应链厂家的抖音小店是否开通了精选联盟，如果开通了精选联盟，直播商家可以直接售卖精选联盟的商品。同时，供应链厂家负责售前、售后服务以及发货、退货、换货等工作。如果没有开通精选联盟，直播商家就需要自行开通抖音小店。为了避免同款商品之间的价格竞争，直播商家需要与供应链厂家协商，保持价格一致。

8. 供应链货盘表

供应链货盘表是供应链厂家整理的一张商品详情表（见表4.1），供应链厂家需要整理好商品的相关信息，录入供应链货盘表中。根据这张表，操盘手制定直播脚本，主播熟悉商品的使用场景及卖点，短视频编导制定短视频拍摄脚本，投手确定广告目标ROI及制定巨量千川投放计划，运营人员设计商品的详情页及主图，客服制定售前、售后的标准回复等。

表4.1 供应链货盘表

序号	品名	图片	净含量	规格	卖点	功效	店铺挂价	直播价	佣金比例	代发价	批发价	是否开通抖音小店	是否开通精选联盟	店铺商品链接

4.2.2 平台选品

平台选品主要分为第三方平台电商数据选品和借鉴同行直播间选品。

1. 第三方平台电商数据选品

第三方平台电商数据选品是指根据第三方电商数据的统计，选定市面上当前的流行爆品和潜在的流行爆品，也就是日常爆品和潜能爆品。常见的第三方平台分为以下两种。

第一种，传统货架电商数据统计平台。如生意参谋、店侦探、店查查等。这种第三方平台反映的是淘宝、拼多多、京东等平台的销售数据，但不能反映抖音平台的销售数据。在货架电商爆单过的商品有可能已经在抖音上爆过单，也有可能还没有在抖音售卖。笔者建议大家勇于尝试，并进一步验证。

第二种，兴趣直播电商数据分析平台。如：蝉妈妈、抖查查、飞瓜数据等。我们在这些平台上找到要分析的品类，查看"抖音销量榜"排名Top100的商品。由于我们研究的是直播电商数据，所以要重点关注直播间的销售情况。

这两种第三方平台都可以反映电商平台的日常爆品和潜能爆品，在前文我们已经讲过两者的区别。在这里提醒一下大家，很多商家都在销售日常爆品，直播间的竞争非常大，然而日常爆品在同行直播间爆单过，因此在新的直播间，再次爆单的概率并不大。

2. 借鉴同行直播间选品

平台选品的另外一个途径就是借鉴同行直播间。同行直播间爆单了什么商品，直播商家就模仿售卖什么商品。当同行直播间爆单后，分析同行直播间的起号机制，是自然流起号、短视频起号还是付费投流起号。

如果是自然流起号，分析直播间是引流品憋单起号还是福袋抽奖起号。如果是引流品憋单起号，分析同行直播间的引流秒杀品、承接福利品和爆款利润品，同时分析商品来自精选联盟还是商家自家抖音小店。如果商品来自自家抖音小店，那么我们售卖的同款商品是否具备供应链优势。

如果是短视频起号，分析同行直播间引流爆款短视频的拍摄场景、黄金前3秒、核心爆点等。短视频团队需要对以上要素进行拆解分析，再进行超越式翻拍。

如果是付费投流起号，分析直播间的投流爆品，爆品的使用场景和卖点。操盘手要分析对标直播间的直播脚本，创作出自己的直播脚本。

4.2.3　需求选品

需求选品是指直播商家直接与终端消费者进行沟通，通过消费者的诉求，了解商品的优点、缺点以及需要改进的地方。直播商家将信息进行整理、归纳、总结，最终形成选品方案。常见的需求选品方法有如下四点。

第一，监控直播间评论区。直播间评论区往往能反馈用户的真实心声。当主播在讲品时，用户将对商品的建议反馈在评论区。直播商家通过监控直播评论区，及时记录用户的反馈信息，进行商品的改进和完善。

第二，抖音粉丝群问卷调查。在直播带货时，有的主播会建立抖音粉丝群，并邀请新粉丝加入。主播会不定期向粉丝群发放优惠券、小礼品以及分享知识干货，同时也会要求粉丝参与一些问卷调查。问卷调查的内容涉及商品的优点、缺点、痛点以及改进的建议。直播商家根据这些建议进行商品的改进和完善。

第三，监控抖音小店商品的评论区。用户在收到商品后，一般会进行试用，体验商品的效果，在抖音小店写出自己的真实感受。直播商家根据用户的真实评价改进和完善商品。

第四，用户电话回访。用户在直播间下单后，会留下联系方式。客服对用户进行电话回访，以了解商品的使用效果和改进意见。直播商家根据用户的回访记录进行商品的改进和完善。

4.2.4 应季选品

直播带货的爆款商品具有季节周期性。例如，某款商品在去年冬季爆单了，在今年冬季，大概率还会爆单。

春天气温转暖，人们陆续开始户外活动，所以帐篷、旅行背包、渔具等户外用品在春季比较畅销。

夏天天气炎热，户外紫外线强烈。人们开始需要一些防晒用品，所以太阳镜、防晒霜、防晒衣、防晒帽、小电风扇、扇子等在夏季比较畅销。

秋天空气干燥，气温开始转凉，所以一些保湿用品、秋衣、秋裤等在秋季比较畅销。

冬天天气寒冷，同时，人们在室内会开空调或暖气，室内的空气比较干燥，所以羽绒服、保暖睡衣、智能暖菜板、智能暖手宝、空气加湿器等在冬季比较畅销。

4.2.5 节日选品

直播带货的爆款商品具有节日周期性。例如，某款商品在去年六一儿童节爆单了，在今年六一儿童节，大概率还会爆单。笔者根据一些大家熟知的节日的市场需求，总结了一些节日商品。

（1）元旦：演出服、彩色气球、荧光棒、新年贺卡等。

（2）春节：对联、中国结、福字、窗花、红包、灯笼、糖果等。

（3）情人节：玫瑰花、首饰、毛绒玩具等。

（4）元宵节：元宵/汤圆、花灯等。

（5）妇女节：女装、玫瑰花、化妆品、首饰等。

（6）植树节：铲子、树苗、挖坑机、许愿牌等。

（7）风筝节（三月三）：风筝、线绳、线轮等。

（8）清明节：纸扎用品、蜡烛、花篮等。

（9）劳动节：烧烤架、帐篷、五一劳动奖章等。

（10）端午节：粽子、鸡蛋、鸭蛋等。

（11）儿童节：童装、玩具、滑板车等。

（12）中秋节：月饼、大闸蟹礼盒等。

（13）国庆节：灯笼、彩旗、气球等。

（14）圣诞节：圣诞树、圣诞袜、圣诞帽、苹果等。

4.2.6 测试选品

直播间的商品需要经得起测试和验证。

在自然流起号中，直播间一般会准备几款引流秒杀品。在直播复盘时，如果直播团队发现有一款引流秒杀品使用户的停留时长最长，那么这款引流秒杀品应循环放单，并多次返场。

在流量承接期，直播间一般会准备几款承接福利品。在直播复盘时，如果直播团队发现有一款承接福利品在推出后使直播间的成交密度和UV价值急剧上升，那么说明这款承接福利品的承接效果比较好，就应循环放单，并多次返场。

在测爆款期，直播间一般会准备多款爆款利润品，包括日常爆品和潜能爆品。在直播复盘时，直播团队要根据直播电商数据分析判断爆款利润品带给直播间的流量变化。如果直播间流量急剧下跌，那么这款爆款利润品不受欢迎；如果直播间流量平稳上升，用户停留时间长，在打单后，GMV和GPM呈螺旋形上升，那么这款爆款利润品应循环打单，并多次返场。

引流秒杀品、承接福利品、爆款利润品都是需要直播团队测试和验证的。引流秒杀品主要看停留时长和互动转粉数据；承接福利品主要看直播间的成交密度和UV价值；利润品主要看直播间的GMV和GPM的数值。

4.3 直播组品

直播组品就是引流秒杀品、承接福利品、爆款利润品、锚点对比品、促销赠送品在直播间的排列和组合。接下来，笔者将从套餐组品、活动组品、起号组品、品类组品四个角度来详细讲述。

4.3.1 套餐组品

套餐组品就是一套组合好的商品包。这种套餐组合的优点有如下四点。

第一，套餐组品节约了用户的决策时间，帮助用户科学地、合理地做出购买决策。

第二，套餐组品拉低了商品的平均单价，提升了用户的满足感，提高了直播间的商品转化率。

第三，套餐组品提高了订单的客单价。直播间打上高客单价的成交标签，算法将推送更优质的人群，最终直播间提升了整体GMV和UV价值。

第四，套餐组品适合作为礼品。主播利用即将到来的节日，塑造在节日时商品的使用场景。套装组品中的商品大多数量多，包装也非常精美。

4.3.2 活动组品

活动组品是将商品以活动促销的形式组合。常见的活动组品有买一赠一、满减优惠、满减赠送、第二件1元。

第一，买一赠一。直播间为了保持商品高端的品牌形象，一般不适合降价销售。但为了提升利润品的销量以及提高用户对价格的接受度，主播会推出买一赠一的活动。例如，直播间售卖的是一件阿迪达斯的运动装，全国统一价399元。很多用户会觉得贵，主播随即推出拍1号链接送2号链接的促销活动，用户觉得很划算，便会下单购买。

第二，满减优惠、满减赠送。用户的消费累计达到一定的金额，直播间便能够赠送礼品或者优惠券。例如，直播间售卖的是某品牌零食，如果用户累计消费满399元，主播将赠送用户价值99元的零食套装。很多用户为了得到赠送的零食套装，便会在直播间下单，直至累计消费满399元。

第三，第二件1元。第二件1元是将"买一赠一"活动中的"赠一"改为1元。这种方式对用户的情绪冲击力更大，会让用户更加"疯狂"。例如，直播间售卖的是一款防晒霜，主播通过"周年庆"活动推出了限量版"第二件1元"的活动。直播间很多用户觉得活动很划算，便会下单购买。

4.3.3 起号组品

起号组品是按照直播起号的机制，对引流秒杀品、承接福利品、爆款利润品、锚点对比品、促销赠送品进行排列和组合。笔者将从引流品憋单起号、福袋抽奖起号、短视频起号、巨量千川投流起号四种起号机制的角度，分别讲述起号组品的方法。

1. 引流品憋单起号组品

引流品憋单起号是自然流起号的一种。在直播的冷启动期，直播间会设置引流秒杀品来吸引直播间用户的停留和互动，以撬动平台的奖励推流。在流量承接期，直播间会设置承接福利品，通过高密度的承接福利品成交订单承接住第一波奖励推流，从而得到平台更大的流量池奖励。在测爆款期，直播间会设置爆款利润品，通过爆款利润品的爆单完成平台对直播间GMV和GPM的考核任务，从而获得平台更大的流量池奖励。同时，直播间的高GMV给直播团队带来高利润的回报。

2. 福袋抽奖起号组品

福袋抽奖起号组品也是自然流起号的一种。与引流品憋单起号的区别是，福袋抽奖起号利用的是10分钟的开奖时间来完成直播间承接福利品和爆款利润品的销售。同时，用户在直播间等待开奖的时间比较长，以此撬动了平台的奖励推流。对于实物福袋和超级福袋抽奖来说，直播间需要设置实物奖品，这种奖品应满足价值高，受众广，属于品牌商品等条件。

由于福袋抽奖起号依靠开奖时间引流，所以，直接间不需要设置引流秒杀品，只需要设置承接福利品和爆款利润品，承接福利品承接流量，爆款利润品引爆直播间，创造利润。

3. 短视频起号组品

短视频起号组品的流量来自短视频，所以直播间只需要设置承接福利品和爆款利润品。短视频中的商品需要满足强卖点和带给用户强视觉冲击

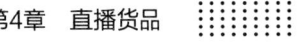

的特点。强卖点就是商品的核心爆点,强视觉冲击就是通过短视频中营造的商品使用场景使用户体验到商品的使用效果。同时,用户的痛点得到了解决。

4. 巨量千川投流起号组品

巨量千川投流起号组品的流量来自巨量千川的付费投流,所以直播间不需要设置引流秒杀品和承接福利品,只需要设置爆款利润品、锚点对比品和促销赠送品。经过巨量千川定向计划筛选,直播间的流量会变得精准。如果巨量千川计划的创意形式是视频,而不是直播间画面,用户将被视频进一步筛选。一般从短视频进入直播间的用户对商品产生了购买需求,会通过主播的专业话术、对比价格、促销活动,打消自己的顾虑,选择下单购买。

直播间的锚点对比品可以打消用户买贵的顾虑,促销赠送品可以让用户觉得自己"占了便宜",具有提升爆款利润品的转化率的作用。

4.3.4 品类组品

品类组品是根据直播商品的赛道、品牌、SKU(Stock Keeping Uint,最小存货单位)、来源,对直播间的商品进行排列和组合。常见的品类组品有以下五种。

第一种,单一品类组品。直播间的商品全部为同一品类商品,如全部为食品类或者服装类,直播间的商品SKU为1~3件。这种组品模式的受众非常单一,直播间的转化成本非常高。

第二种,垂直品类组品。直播间的商品全部为同一品类商品,但商品SKU比较多,一般在30件以上。如某直播间销售50款商品,包括引流秒杀品、承接福利品、爆款利润品、锚点对比品、促销赠送品,这种组品方式有利于给直播间打上垂直标签,直播间吸引的是同一类人群,比较容易爆单。但用户的兴趣比较单一，后期再拓展其他品类相对比较困难。

第三种，全品类组品。直播间的商品包括5种及以上品类。如女装类、家居类、食品类、美妆类、珠宝类等。直播间品类多，受众人群广，有利于满足不同人群的需求。直播间用户的停留时间长，有利于直播间的引流。这种组品方式适合明星和达人的直播带货。

第四种，单品牌组品。直播间的商品全部来自同一品牌。如全部是"海澜之家"的男装或者"三只松鼠"的零食。直播间的商品SKU为30~50件。这种品牌专场直播间拥有品牌背书，用户对直播间的信任度比较高。同时，直播间品牌促销的活动使得商品的优惠力度比较大，有利于提升商品的转化率。

第五种，单平台组品。直播间的商品全部来自同一平台，如苏宁易购、唯品会。直播间的商品SKU为50~100件。这种专柜直播间拥有平台背书，用户对直播间的信任度也比较高，商品的质量、物流、售后服务相对很成熟，用户的顾虑比较少。但是，如果这种跨平台的销售价格更便宜，会降低原平台粉丝的忠诚度。

第 5 章

直播场景

/ 学前提示 /

直播带货的"三驾马车"是人、货、场。其中,"场"指的是直播场景。直播场景可以按照实景与虚景划分,也可以按照真人出镜与无人出镜划分。直播场景除了可以提升曝光进入率,还可以提升进入停留率以及提高流量的精准度。

直播场景共有九大构成要素,分别是场地、背景、色调、音乐、灯光、设备、网速、道具、商品陈列。直播场景共有七大吸引力,分别是活动吸引力、商品吸引力、创意吸引力、背书吸引力、保障吸引力、人设吸引力、生产吸引力。

5.1 直播场景的拆解

直播场景可以理解为直播间的环境。直播场景可以包括田间、工厂车间、室内门店、雪山、海边……变化的是场景，不变的是场景的种类。

直播场景决定了用户进入直播间的意愿度。充满视觉、听觉冲击力的直播场景决定了直播间的曝光进入率，充满情绪冲击力的直播场景决定了直播间的进入停留率，进入停留率影响了平台对直播间的奖励推流以及直播间的商品转化率。

5.1.1 直播场景的分类

1. 实景直播场景

实景直播场景是指直播的环境在真实的场景中。一般分为室外场景和室内场景。

室外场景举例：在田间卖农产品；在养鸡场卖鸡蛋；在蜜蜂养殖基地卖蜂蜜；在茶园种植基地卖茶叶；在成熟的果园卖水果；在海边卖海鲜；在挖玉现场卖玉石。

室内场景举例：在服装工厂的仓库卖衣服；在饭店厨房卖团购套餐券；在汽车4S店展厅卖汽车；在测评美妆直播间卖化妆品；在大米加工车间卖大米；在油坊卖手工菜籽油；在吃播直播间卖零食。

很多主播会选择商品的生产地作为直播的最佳场地，因为越贴近生产过程的直播间场景，越显得真实，越能激发用户购买的欲望。

抖音是兴趣电商，直播场景需要尽量给人一种眼前一亮、耳目一新的感觉。

2. 绿布虚景直播场景

直播行业流传一句话："直播要想富，还得靠绿布。"这句话虽然带有一点调侃的意思，但还是有一定道理的。因为绿布虚拟直播间可以降低直播间的搭建成本，增强直播间的场景效果，起到降本增效的作用。

绿布虚景直播场景就是利用抖音官方的"直播伴侣"软件，通过绿布抠像、图层成像等技术搭建的一套虚拟直播场景。直播画面分为三段式结构布局：前景布局、中景布局和背景布局。

第一，前景布局。前景是呈现在看播手机前端的画面。商品图片被制作成前景贴纸，直播间突出商品，弱化人物，有利于展现商品的细节。前景贴纸的内容还包括直播主题，关注、点赞直播间，售后承诺，福利活动等。请注意，贴纸之间不要相互遮挡，颜色要明亮。

第二，中景布局。中景是呈现在看播手机中间的画面。主播一般与绿布保持1.5米的距离，避免产生轮廓背影。直播伴侣中"一键扣绿"的功能可以将主播的人像抠出来，形成单独的图层。主播衣服的颜色尽量不要选择绿色，如果无法避免，直播间可以使用蓝色的幕布。

第三，背景布局。背景是呈现在看播手机后面的画面。我们可以使用一段视频作为背景，即搭建绿布动态虚景直播间；我们也可以使用一张图片作为背景，即搭建绿布静态虚景直播间。

3. 真人与无人直播场景

直播场景按照真人出镜与无人出镜划分，分为真人直播场景、无人（数字人）直播场景、半无人直播场景。

真人直播场景是指主播、场控人员都是真人出镜的直播场景。这是目前绝大多数直播间的使用场景。

无人（数字人）直播场景是指直播间的主播不是真人，而是数字人。数字人具有特定的外貌、性别和个性，数字人可以通过人类的声音、表情、动作表达自己的观念，回复直播间的问题。数字人的观念和回复具有一定的逻辑性和智慧性，甚至带有一定的情感。

半无人直播场景是指直播间只有手部出现在直播画面中。主播一般使用手机后置摄像头或者专业相机摄像头，对照着绿布，经过一键扣绿后，再添加一张背景图片，这样，主播就可以手持商品，在摄像头和绿布之间讲解。这样就搭建出了半无人直播场景。

5.1.2　直播场景的作用

一场直播的GMV=曝光量×曝光进入率×商品转化率×客单价。直播的权重与付费投流决定了曝光量，直播场景决定了曝光进入率。所以，一场成功的直播，不仅要提升直播间的曝光量，还要提升直播间的曝光进入率。简单来说，直播间不仅要展现在更多的用户面前，还要吸引更多的用户进入，这样才能提升整场直播的GMV。

那么，如何提升直播场景的曝光进入率？直播场景要具有视觉冲击力。直播间通过悬浮贴片、手卡、KT板等道具，将直播的活动缘由、活动福利、信任背书、售后保障等内容呈现在用户眼前，能够吸引用户进入直播间。

直播场景带给用户的情绪冲击力决定用户的进入停留率。用户在直播间停留的时间越长，对商品越感兴趣，商品的转化率就越高。

直播场景帮助直播账号筛选意向用户。一个优秀的直播间，用户一眼就能看出主播在卖什么，也就是说，直播间的品类一定要明确。用户可以通过商品的前景贴片、陈列、堆头，快速地分辨直播间的类型。对商品有需求的用户自然会进入直播间。

综上所述，直播场景的作用分为以下三点。

第一，具有视觉冲击力的直播场景提升了直播间的曝光进入率，从而可以提升整场直播的GMV。

第二，具有情绪冲击力的直播场景提升了直播间的进入停留率，从而提高了直播权重，获得了平台更多的奖励推流。用户愿意停留在直播间，有利于主播销售利润品。

第三，具有明确商品品类的直播场景提升了直播间流量的精准度，提高了商品转化率，从而可以提升整场直播的GMV。

5.1.3 直播场景的内容

直播场景的内容包括直播间的场地、背景、色调、音乐、灯光、设备、网速、道具、商品的陈列。接下来，笔者将为大家分别讲述。

1. 直播间的场地

直播间的场地分为室外场地和室内场地。室外场地有街边、田间、海边、雪山、沙漠等。室外场地要求视野开阔，不能过于嘈杂，主播与背景要形成自然和谐的氛围。室内场地有门店、展厅、厨房、写字楼等。

直播团队在选择室内场地时，需要注意以下三点。

第一，尽量不要选择临街的低楼层。因为临街低楼层的直播环境会比较嘈杂，主播在带货时会被窗外的鸣笛声、吵闹声干扰。

第二，尽量不要选择正在做秀场的直播公司隔壁。为了渲染直播间的氛围，这些直播公司会配备一些扩音器、乐器、DJ音乐。主播在带货时会被嘈杂的声音所干扰。

第三，需要考虑不同直播间相互干扰的问题。所以，在装修直播场地时，直播间需要加装隔音棉，镂空的吊顶需要密封，以解决直播场地的隔音和回音问题。

2. 直播间的背景

直播间的背景分为两种，第一种是虚拟直播间背景，即绿布背景；第二种是真实直播间背景，即室外场景或背景墙。

绿布背景可以是动态的视频，也可以是静态的图片。为了节约直播间的搭建成本，强调商品的生产或制作过程，很多直播间的背景是一段商品加工的视频。

实景直播间的背景除了室外场景，就是背景墙。一般直播间的背景墙以浅色调为主，如白色、灰色。这种色调比较简单、百搭、明亮。有创意直播间的背景墙能够让人耳目一新，眼前一亮。如卖书的直播间的背景墙是一块大面积的书墙，这种背景墙能够带给用户一种视觉冲击力，有利于提升直播间的曝光进入率。

3. 直播间的色调

直播间的色调是指背景墙、主播服饰、商品包装、灯光等元素综合在一起营造出的色彩风格。例如，直播间售卖的是水果、蔬菜、茶叶、食用油、蜂蜜类商品，直播间一般会采用绿色为主题色，强调商品的新鲜、无污染；直播间售卖的是美食类商品，直播间一般会采用红色、橙色、黄色等暖色调，营造一种温暖的氛围；直播间售卖的是美妆护肤类商品，直播间一般会以冷色调为主，衬托主播白皙的肤色，展示商品的使用效果。

4. 直播间的音乐

背景音乐能够增强直播间的氛围感和沉浸感。如果不知道如何选择背景音乐，主播可以去数据优秀的对标直播间，使用一些音乐App中"听歌识曲"的功能，识别出对标直播间的音乐。

背景音乐的播放形式有三种。第一种，使用手机音乐软件播放；第二种，使用音箱播放；第三种，将电脑的音乐播放器内置于直播伴侣软件内播放。不论哪种播放形式，背景音乐都要清晰且声音适度，不能干扰正在讲品的主播。

5. 直播间的灯光

直播间为了能够呈现出清晰的画面，一般要配备灯光。按照灯光形状划分，常见的直播间灯光分为环形美颜灯、球形补光灯、方形补光灯等；

按照灯光位置划分，常见的直播间灯光分为主光灯、辅光灯、轮廓灯、顶光灯。

主光灯放在主播的前侧，与摄像头形成45°角。主光灯可以照亮主播的面部阴影。

辅光灯放在主播的左右两侧，与主光灯形成90°角；辅光灯也可以放在主播左前方45°或右后方45°的位置。辅光灯使主播的面部轮廓产生阴影，使主播的整体更加立体化。

轮廓灯放在主播的后侧。这种逆光的效果能够让主播轮廓分明，同时使主播的整体更加立体化。

顶光灯放在主播的头部上方。顶光灯可以照亮直播间的背景墙和地面。

6. 直播间的设备

除了灯光，直播间还有一些常见的设备。

（1）可伸缩绿布。根据直播场地的大小，选择合适尺寸的绿布。为了方便携带，可以选择可伸缩型绿布。绿布的材质一般是无纺布，绿布的表面要平整，无褶皱。在场地允许的情况下，直播绿布越大越好。

（2）无线声音麦。无线声音麦具有收音效果，适合有噪音的环境。

（3）直播支架。直播支架用于固定手机，很多直播支架与环形美颜灯是一体的。当主播坐播时，一般使用三角直播支架；当主播走播时，一般使用稳定器。

（4）摄像头。摄像头可以使用单独的镜头，也可以使用会议高清摄像机的自带摄像头。

（5）电脑。直播的电脑一般要配置外置摄像头，安装直播伴侣。

（6）监视屏。监视屏主要用于观看直播大盘数据以及直播复盘。笔者推荐使用55寸的监视屏，并配备监视屏支架。

（7）采集卡。采集卡主要用于采集手机或平板的信号源画面，并传输到电脑上。采集卡一般用于手游直播，它可以提高直播画质，减少传输过程的延迟。

（8）转接线。在使用苹果手机直播时，我们需要将苹果手机的闪电接口转换为高清多媒体接口并输出信号，同时需要给手机充电。转接线用于连接苹果手机与采集卡。

（9）假电池。假电池并不是假的电池，而是一种可以持续为摄像机供电的设备。当假电池装入摄像机并连接电源后，可以持续为摄像机供电。

（10）排插。由于直播间充电的设备比较多，一般情况下，直播间需要准备一个5米左右的排插。

（11）5G物联网卡（5G无线路由器）。当直播场景在室外时，用于直播的手机可能因为信号不稳定、外呼电话等原因导致直播效果不理想。笔者建议主播可以配备5G物联网卡和5G无线路由器。5G物联网卡信号稳定，5G无线路由器相当于小型的信号基站。

（12）导播台。当直播间采用多机位、多摄像头拍摄不同场景画面时，往往需要导播台进行画面切换。

7. 直播间的网速

直播间的网络一定要流畅，不能造成直播画面的卡顿和延迟。主播可以选用5G网络，也可以选用不低于50M的宽带网络。如果带宽网速不给力，直播间将会出现延迟和卡顿的画面，这种不好的用户体验会导致用户离开直播间。

8. 直播间的道具

直播间除了常见的灯光和设备，还有一些小道具。这些道具的作用主要是吸引用户停留，引导用户互动以及下单。

（1）贴纸。绿布虚景直播间的前景会使用贴纸。美术编辑提前制作好贴纸，运营人员通过直播伴侣将贴纸添加到绿布虚拟直播间的前景画面中。贴纸的位置不能相互遮挡和错位，颜色要显眼。

（2）手卡。运营人员将引流秒杀品、承接福利品、买一赠一、满减赠送、满减优惠、福袋抽奖、7天无理由退货等信息制作成手卡，粘贴在直播间的背景墙上。

（3）KT板。直播间经常会制作一些KT板，用于引导用户点击小黄车，或者引导用户转粉、转团、分享、点赞。直播团队要注意直播摄像头是否开启镜像功能，避免KT板的内容反向呈现。

（4）转盘。直播间的转盘并非用来抽奖，因为转盘抽奖容易违规，主播通过转盘与用户产生互动，选定直播间的福利商品。直播间的转盘可以吸引用户的停留，提升直播间的人气指数和直播权重。

（5）引导铃铛。在主播打单时，运营人员喊出倒计时，中控人员上库存，场控人员按下引导铃铛。引导铃铛的声音使直播间产生一种紧张、抢购的氛围。

（6）其他道具。横幅、计算器、秒表、皮尺、小黑板、尺码表等。

9. 直播间的商品陈列

实景直播间的商品可以通过货架陈列，也可以通过打堆头的形式展现在镜头前。

绿布虚景直播间可以通过前景贴片展示商品。

5.1.4 场景的吸引力

直播场景的吸引力体现在两方面。一方面，直播场景将直播间外的用户吸引到直播间中；另一方面，直播场景吸引直播间的用户停留在直播间。直播场景的吸引力，本质上是带给用户的一种视觉冲击力和情绪冲击力。这两种冲击力决定了直播间的曝光进入率和进入停留率。

场景吸引力的具体内容有如下七点。

1. 活动吸引力

活动吸引力包含两点：活动的缘由、活动的内容。在实景直播间中，运营人员将活动的缘由和内容制作成手卡、KT板、横幅，粘贴或悬挂于背景墙上。在绿布虚景直播间中，运营人员将活动的缘由和内容制作成直播主题贴片。有的直播间，场控人员会手举KT板，配合主播展示活动内容。

常见的活动缘由有电商节日（6·18购物节、双11购物节、双12购物节、年货节等），传统节日（端午节、七夕、中秋节、春节等），主播生日，主播首播，开播一周年，店庆三周年等。

常见的活动内容有秒杀品抢购，福利品抢购，优惠券赠送，买一赠一，第二件半价，第二件1元，满减赠送，满减优惠，福袋抽奖等。

2. 商品吸引力

商品吸引力主要表现在商品的外观、材质，商品的稀缺，商品品牌的高端化，商品效果的显著上。

第一，商品的外观、材质。很多商品外观的设计比较奇特，用户第一眼就能察觉商品的与众不同。有的商品材质含有玻璃、水晶、玉石等，这些材质也非常吸引人。

第二，商品的稀缺性。物以稀为贵，很多商品因为产量少而显得珍贵。如生长在岩石上的铁皮石斛，生长在高寒山区的冬虫夏草等。

第三，商品品牌的高端化。高端品牌的商品是非常吸引人的，如飞天茅台酒、苹果手机、华为手机等。

第四，商品效果的显著。在直播间，很多商品表现出明显的效果。如无线领夹麦克风抗噪音的效果。

3. 创意吸引力

创意吸引力主要表现在直播场景的新、奇、特。用户对于这种场景会产生猎奇心理。新、奇、特的本质是反差，常见的反差因素有如下几点。

第一，环境反差。

第二，形象反差。

第三，行为反差。

第四，性别反差。

第五，场景反差。

第六，道具反差。

4. 背书吸引力

背书吸引力主要体现在见证和从众方面。运营人员可以将商品背书制作成手卡、贴片、KT板等道具，吸引用户进入和停留直播间。

见证背书。常见的见证背书有国家保密配方，专家团队研发，权威机构检测，国家专利技术，主流媒体正面报道等。

从众背书。常见的从众背书有全网好评，销量领先，口碑推荐等。

5. 保障吸引力

保障吸引力主要用于打消用户顾虑。运营人员可以将打消用户顾虑的信息制作成手卡、贴片、KT板等道具。用户打消了内心的顾虑，便会放心地购买。

常见的打消顾虑的信息有赠送运费险，7天无理由退货，团购套餐券过期退、随时退，一个月内包换、一年内保修，正品保证，假一罚十等。

6. 人设吸引力

直播间主播的人设是直播场景的重要组成部分。主播人设可以加强用户对商品的信任。

7. 生产吸引力

直播间展示商品的生产流程、制作工艺以及商品的原材料，有利于加强用户对商品的信任。在直播间，越贴近制作工艺的直播场景，越能使用户产生购买欲望。

5.2 直播场景的搭建

常见的直播场景有：实景直播场景、绿布虚景直播场景、创意直播场景。接下来，笔者将详细地讲述这些场景的搭建方法及注意事项。

5.2.1 实景直播场景搭建

实景直播场景分为室外实景和室内实景。笔者将从实景直播间的场地选择、实景直播间的背景选取，实景直播间的直播设备和灯光配置、实景直播间的道具准备，实景直播间的音乐匹配，实景直播间的商品陈列六个方面，为大家一一讲述场景搭建的技巧和方法。

1. 实景直播间的场地选择

如果是室外直播，场地一般是比较空旷、安静、优美的环境；

如果是室内直播，场地一般是门店、展厅、厨房、餐厅、生产车间、仓库、写字楼等。

2. 实景直播间的背景选取

如果是室外直播，背景一般与商品相关。例如，卖海鲜的直播间，直播背景是一望无际的大海；卖羽绒服的直播间，直播背景是银装素裹的雪山。

如果是室内直播，背景墙的颜色一般以浅色为主。因为浅色的背景墙比较百搭，明亮。为了避免背景墙过于单调，我们可以在背景墙上增加一幅画，在背景墙旁边摆放一组书柜，在书柜上摆放一盏台灯等。

3. 实景直播间的直播设备和灯光配置

实景直播的直播设备多采用手机直播。如果主播选择边走边播，直播间需要配备一台稳定器。如果主播选择坐播，直播间需要配备一台直播支架。

当主播坐播时，直播支架上需要配备环形美颜灯来照亮主播面孔。

为了提升主播声音的清晰度，直播间会为主播配备无线领夹麦。同时，为了及时地了解直播数据，精准地进行直播复盘，直播间会配备监控大屏和大屏支架。

4. 实景直播间的道具准备

直播间的道具可以是手卡、贴片、KT板，可以粘贴在直播背景墙上，也可以让场控人员手持。

另外，服装类直播间要准备皮尺、尺码表、计算器等道具来辅助主播回复相关尺码问题。美妆类直播间要准备小黑板等道具来记录不同肤色与之匹配的色号。

5. 实景直播间的音乐匹配

直播间可以使用手机播放音乐，也可以使用音箱播放音乐。在很多直播间，会出现主播一讲话，背景音乐就自动暂停的现象，这是因为直播间添加了一台声卡并开启了声卡的"闪避"功能。

选择背景音乐的原则，笔者总结了如下三点。

第一，选择抖音热门音乐。热门音乐自带流量，容易吸引用户。

第二，根据商品的用户画像匹配合适的音乐。

第三，根据主播的话术、讲品节奏匹配合适的音乐。如开场音乐、活动音乐、讲品音乐、打单音乐、促销音乐等。

6. 实景直播间的商品陈列

直播间商品陈列的原则是品类清晰。用户一眼就能辨别主播卖的是什么。商品的摆放要整齐，在镜头外的商品位置要便于主播拿放。

在服装类的直播间，可以配置衣架或者鞋架。所有商品要被有序地摆放。直播间可以配置人体模特，更好地展示衣服的效果。但人体模特不要太多，否则会弱化主播的形象，并占用直播空间。

在美妆类的直播间，主播可以将口红放置在镜头前的透明盒子内，拿掉口红的盖子来展示不同色号的口红。其他的美妆可以用打堆头的形式呈现在用户面前。

在美食类的直播间，主播将所有的美食展示在镜头前的桌子上。直播间琳琅满目的美食使用户产生一种全部想拥有的欲望。为了突出商品的美味，主播需要拿掉包装袋，并现场品尝，同时配上丰富的表情和讲解，美食的口感和味道被表现得淋漓尽致。

在珠宝类的直播间，主播可以将珠宝放置在精美的首饰盒内，直播间可以参考珠宝实体店精美的橱窗陈列方式。

5.2.2 绿布虚景直播场景搭建

目前，很多直播间会选择绿布虚景直播间。相对实景直播间，绿布虚景直播间的优点更多。那么，如何搭建一个绿布虚景直播间？直播伴侣软件如何操作？带着这些疑问，我们来共同学习本节知识。

1. 绿布虚景直播间与实景直播间的区别

绿布虚景直播间与实景直播间的区别主要体现在以下四点。

第一，绿布虚景直播间节约了场景的搭建成本。绿布虚景直播间的直播背景可以是动态视频，也可以是静态图片，背景可以重复使用。实景直播间的背景墙，一旦搭建好，就不可逆了。

第二，绿布虚景直播间的背景墙是一块绿布。通过直播伴侣中"一键扣绿"功能，再配上虚拟背景，直播间将实现多图层的背景展示。实景直播间的背景墙可以是室外风景，也可以是人工打造的背景墙。

第三，绿布虚景直播间一般在室内搭建。实景直播间既可以在室内搭建，也可以在室外搭建。

第四，绿布虚景直播间一般采用电脑直播，并配置直播伴侣软件。有些绿布虚景直播间可以采用手机直播，在直播的手机上安装第三方公司研发的App，如"直播加加"。在直播时，主播开启手游投屏，并启动直播加加，就能实现绿布直播。实景直播间一般采用手机直播，手机直播操作简单、方便、成本较低。

绿布虚景直播间有以下三个缺点。

（1）绿布虚景直播间的背景没有实景画面真实。

（2）主播不能穿绿色的衣服，否则"一键扣绿"后，主播的绿色衣服对应的身体部位将会在画面中消失。

（3）绿布虚景直播间最好采用前景贴片的方式展示商品，否则陈列中的绿色商品将会消失在画面中。

2. 直播伴侣软件的操作指南

直播伴侣是抖音官方研发的一款虚拟场景直播软件，一般我们会在直播的电脑上安装。接下来，笔者将以图文结合的方式详细讲述这款软件的操作方法。

（1）下载直播伴侣软件（见图5.1）。

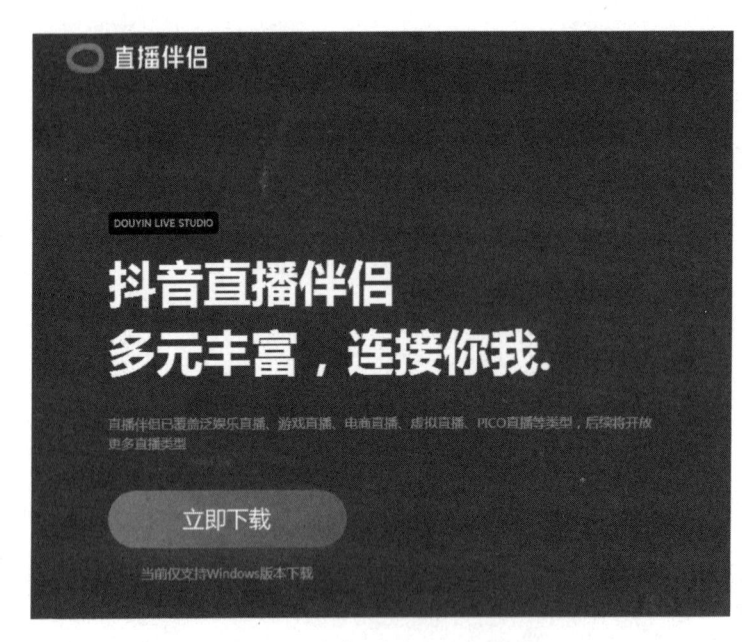

图5.1　直播伴侣开启界面

（2）打开安装好的直播伴侣，选择需要直播的平台。例如，选择抖音，使用抖音App扫码登录（见图5.2）。

图5.2　直播平台选择

（3）登录成功后，进入直播伴侣的主界面（见图5.3）。

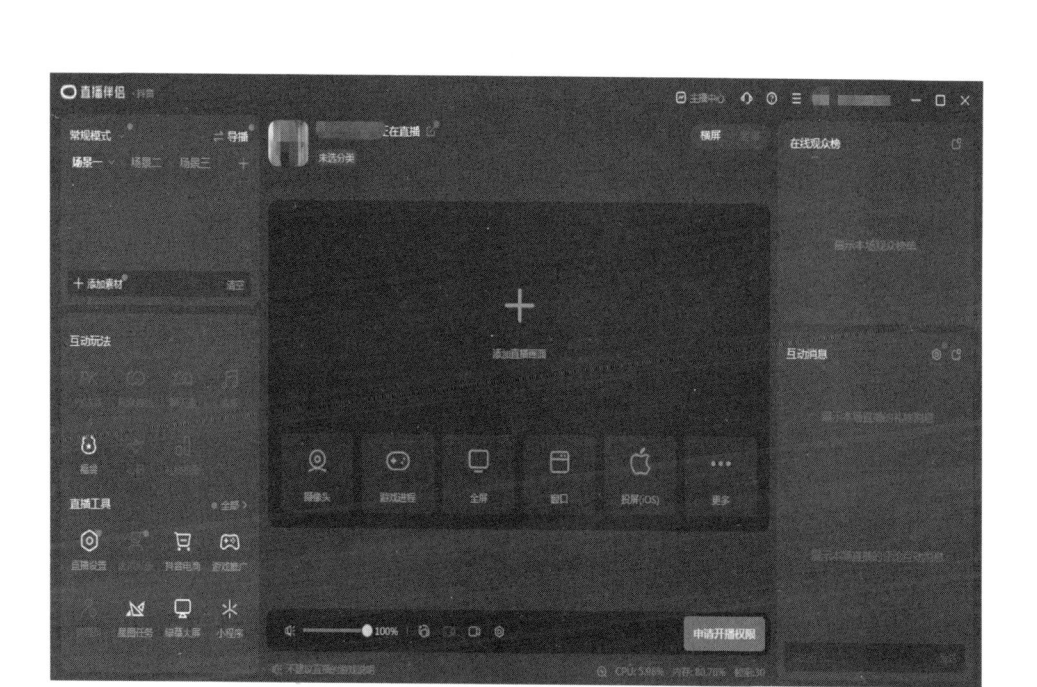

图5.3 直播伴侣主界面

（4）选择横屏直播还是竖屏直播。一般选择竖屏直播（见图5.4）。

（5）添加摄像头，并打开摄像头设置（见图5.5）。

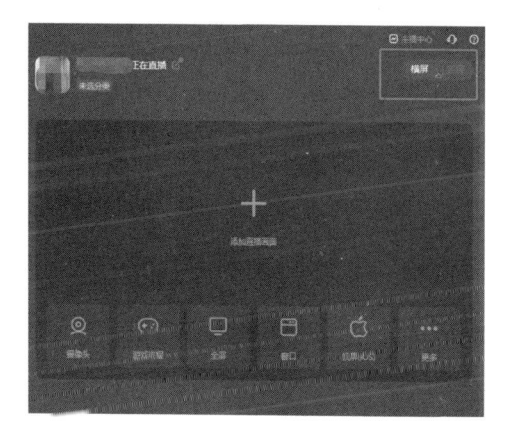

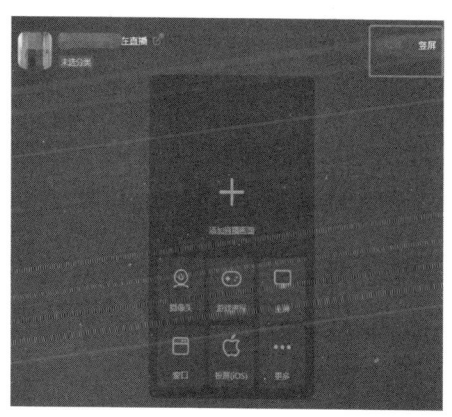

图5.4 横屏与竖屏选择界面

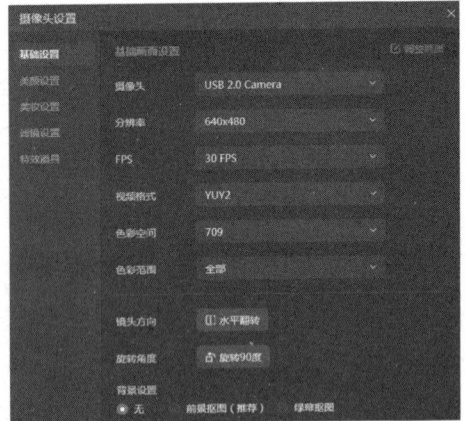

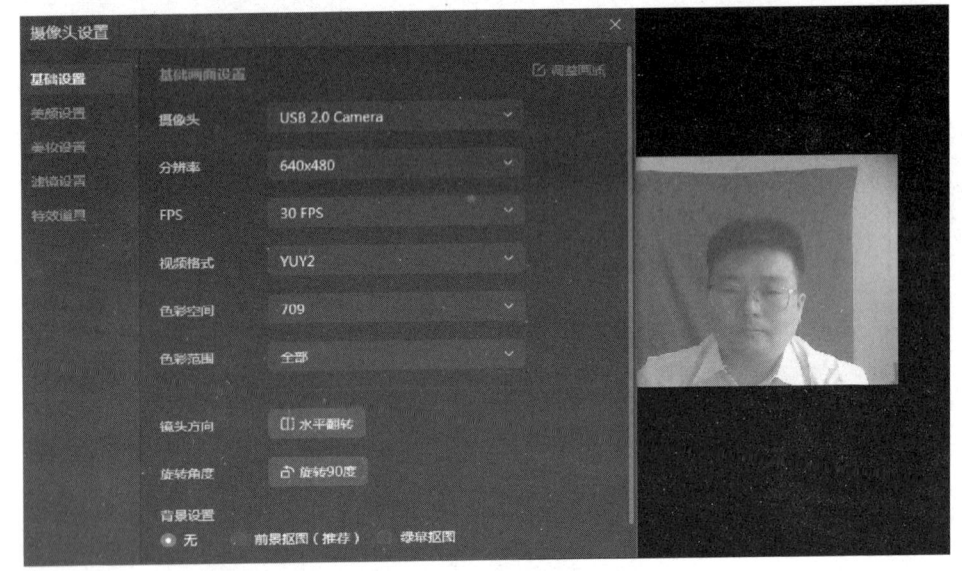

图5.5 摄像头与摄像头设置界面

（6）设置摄像头的基础功能。

①摄像头：选择直播的摄像头型号。

②分辨率：建议选择较高像素的分辨率，这样画面更加清晰。

③FPS（Frames Per Second，每秒传输帧数）：一般选择30FPS。

④视频格式：一般选择YUY2。

⑤色彩空间：一般选择709。

⑥色彩范围：一般选择全部。

⑦镜头方向：可以水平翻转，直至画面合适。

⑧旋转角度：可以90°旋转，直至画面合适。

⑨背景设置：实景直播一般选择无；前景抠图是指将人物从前景中抠出来；绿幕抠图可以自动调整，也可以手动调整。（见图5.6）。

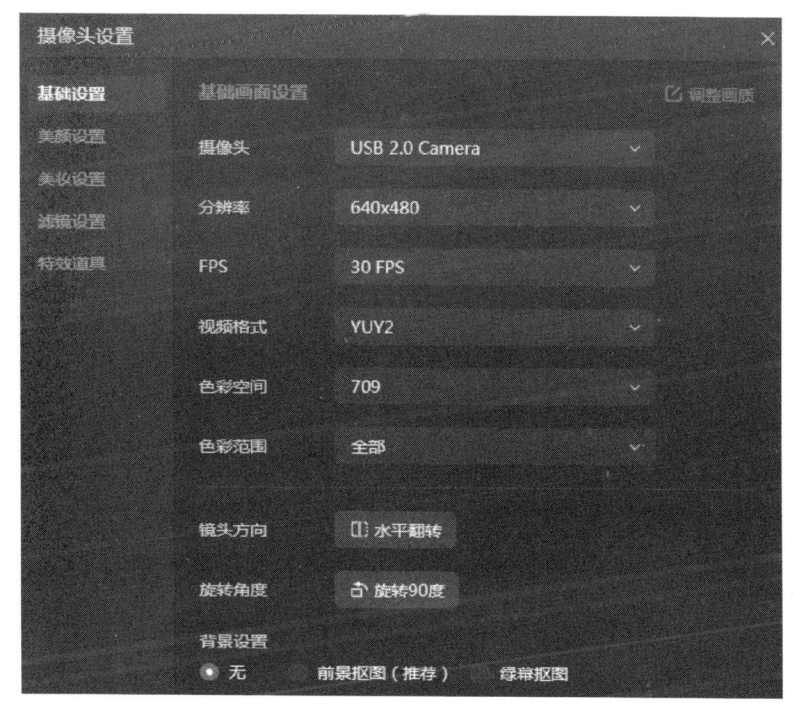

图5.6 摄像头设置参考界面

（7）美颜设置，设置主播美颜效果，数值并不是越大越好，而是适可而止（见图5.7）。

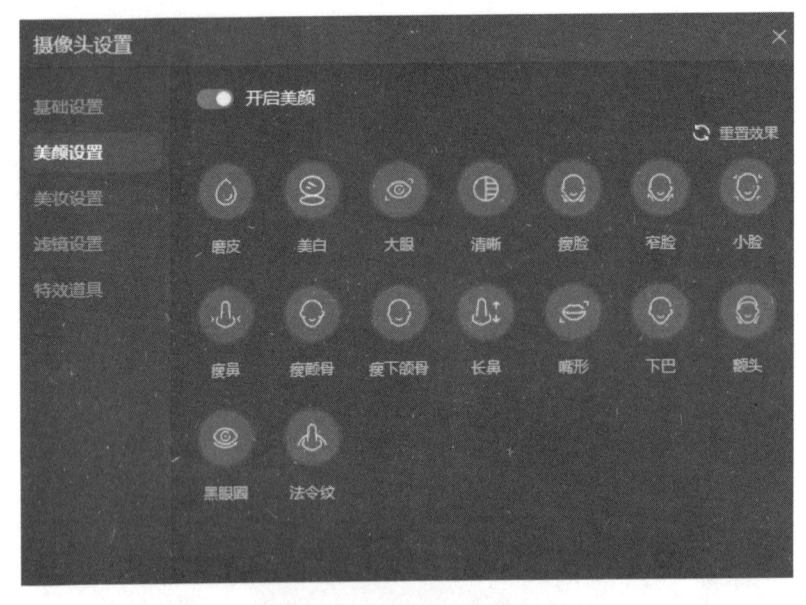

图5.7 美颜设置界面

（8）美妆设置，设置主播美妆效果（见图5.8）。

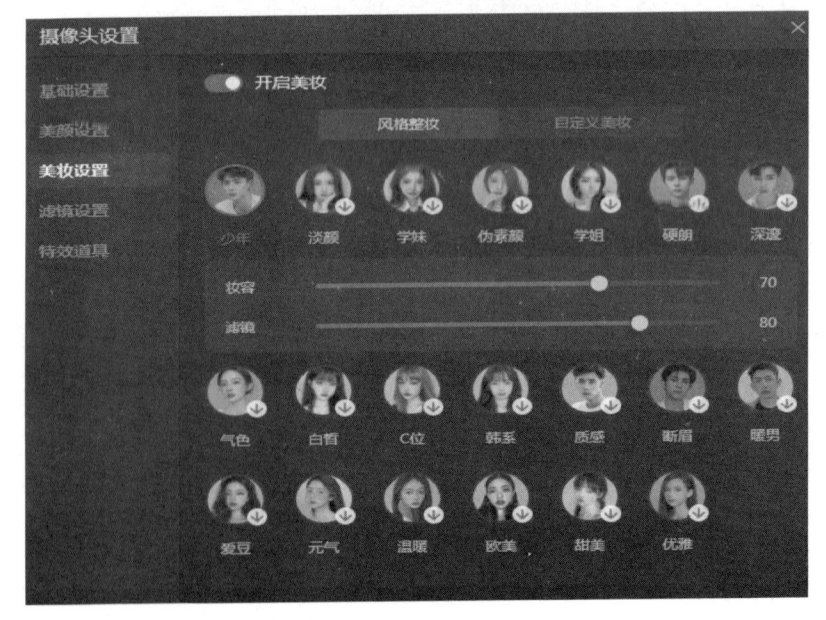

图5.8 美妆设置界面

（9）滤镜设置，设置主播滤镜效果（见图5.9）。

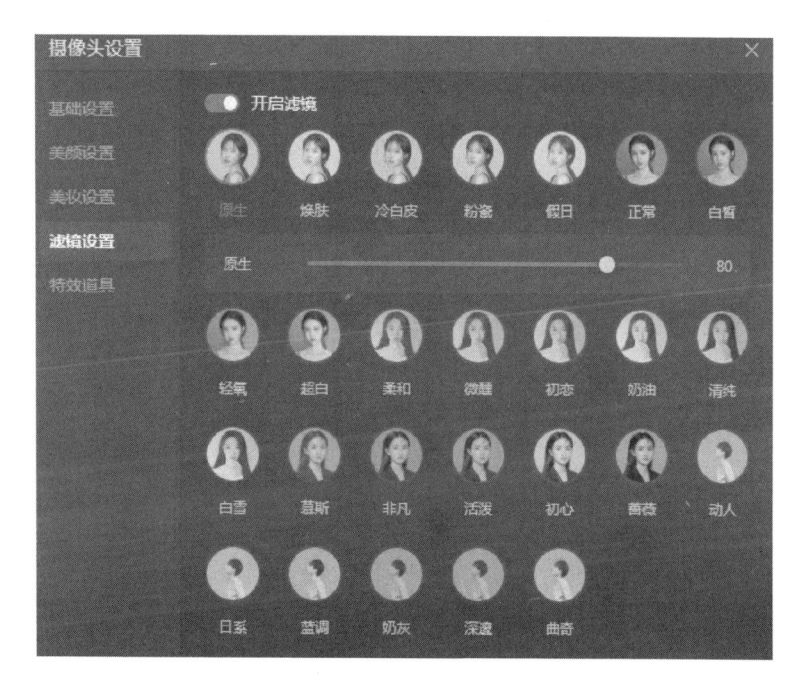

图5.9　滤镜设置界面

（10）特效道具，设置主播使用特效的效果（见图5.10）。

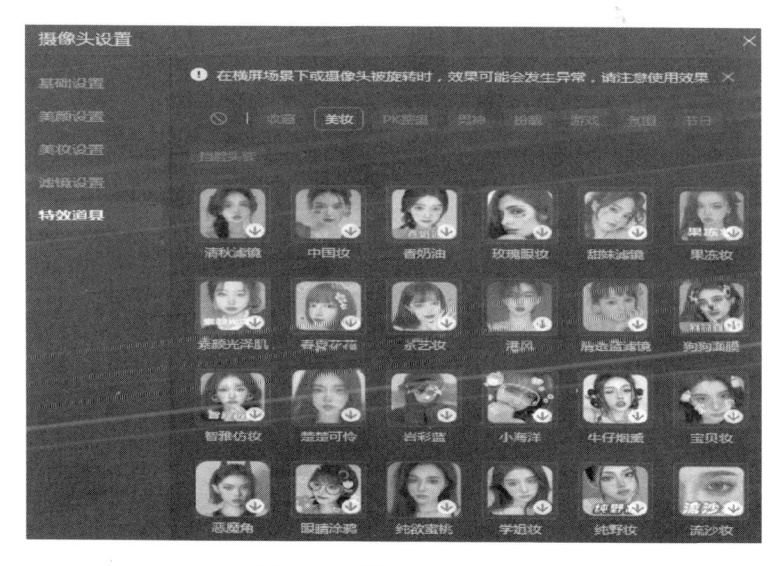

图5.10　特效道具界面

（11）添加素材，可以添加视频和图片（见图5.11）。

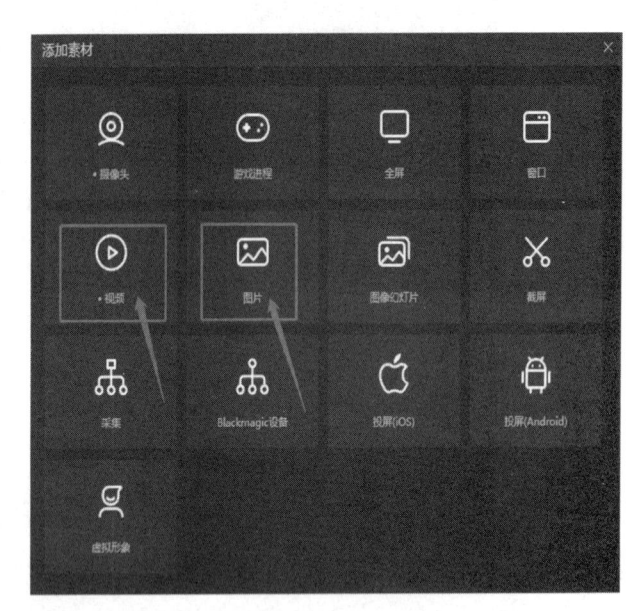

图5.11 添加素材界面

（12）有时候，我们在添加视频后，会发现摄像头中的人物头像不见了。这时候，我们可以选中摄像图，长按鼠标左键，上下拖动摄像图，让它覆盖在视频图层之上，就可以显示人物头像了（见图5.12）。

图5.12 拖动摄像图界面

（13）如果我们不想显示某个图层，可以选择"隐藏"，也可以选择"删除"（见图5.13）。

图5.13　隐藏与删除界面

（14）直播设置（视频），如果直播的网速比较快，可以选择蓝光。分辨率、视频码率、帧率视频编码可以为默认选项（见图5.14）。

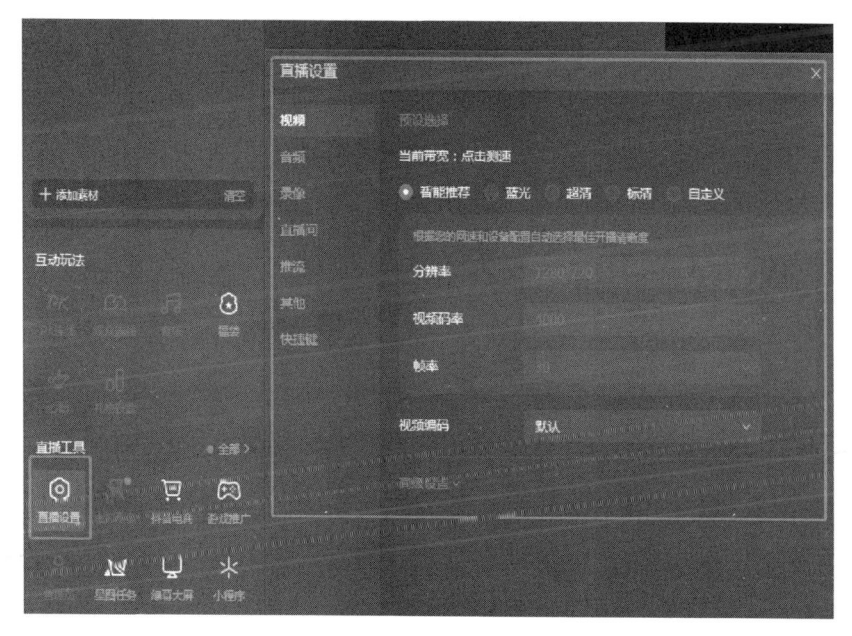

图5.14　直播设置（视频）界面

（15）直播设置（直播间）。

①直播间可见范围：公开、只给谁看、不给谁看。

②自动截取封面：使用随机直播截图作为封面，观众将进入房间前了解直播内容。

③录制高光：直播结束后可至移动端主播中心下载，编辑和发布高光。

④允许观众录屏：开启后，观众可实时录制或回溯录制5分钟的直播内容。

⑤允许观众查看他人资料：关闭后，观众将无法通过"评论与消息区、在线观众、pk贡献榜、福袋开奖页、粉丝团成员"等区域查看其他观众资料，主播和管理员可正常查看观众资料。

⑥允许观众送礼：关闭后，直播间不允许用户赠送礼物（见图5.15）。

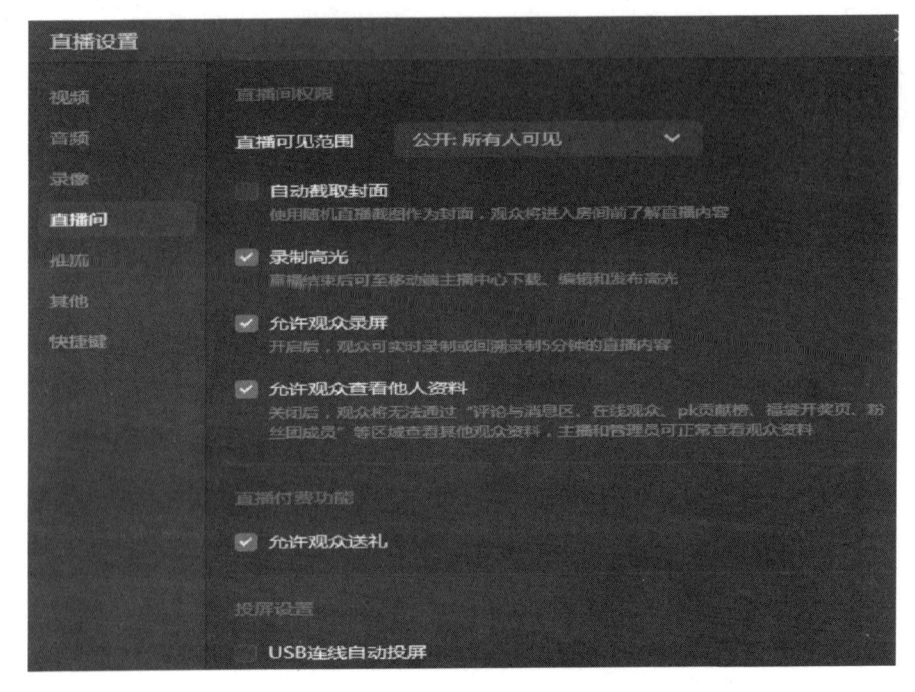

图5.15 直播设置（直播间）界面

（16）直播工具（抖音电商和小程序），在直播过程中，直播界面可以添加购物车商品链接以及添加小程序（见图5.16）。

图5.16　直播工具（抖音电商和小程序）界面

（17）互动玩法，常见的包括PK连线、观众连线（语音连麦）、福袋（发抖币福袋）（见图5.17）。

图5.17　互动玩法界面

（18）本地录制指的是在直播过程中开启录播（见图5.18）。

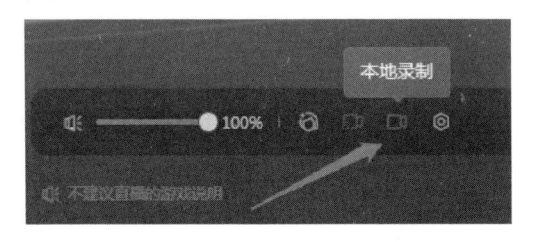

图5.18　本地录制界面

（19）在线观众榜，展示本场观众榜单（见图5.19）。

图5.19 在线观众榜界面

（20）互动消息，展示本场直播的礼物消息以及展示本场直播的评论互动消息（见图5.21）。

图5.21 互动消息界面

5.2.3　创意直播场景搭建

创意直播场景是指让用户感到新奇和特别的场景。这种场景能瞬间吸引用户的眼球，激发用户的猎奇心理，吸引用户长时间地停留在直播间。

创意直播场景不仅能带来意想不到的场观，而且可以降低引流成本。

抖音直播带货的本质是兴趣电商。一切能给用户带来喜怒哀乐的情景元素，都可能成为爆款元素。

笔者总结了以下九种常见的创意直播场景。

第一，直播场地反差。常见的服装类直播间有门店、广场、街头、工厂车间，有的直播间直接选在主播自家的阳台。

第二，直播环境反差。有的主播跑到雪山卖羽绒服；有的主播跑到海边卖泳衣；有的主播跑到新疆吐鲁番盆地卖哈密瓜。这些直播场景能够给人一种视觉上的震撼。

第三，主播性别反差。男主播穿上旗袍和高跟鞋在跑步机上跑步，突出高跟鞋的质量。这种不合常理的性别反差以及高跟鞋使用场景的反差延长了用户停留在直播间的时间。

第四，有剧情的直播场景。有些直播间会将直播场景打造成宫廷剧，主播穿着古装，演绎着用户熟悉的宫廷剧剧情。用户一边看着主播的表演，一边被主播的好物推荐种草。

第五，展示商品庞大数量的场景。售卖玩具小车的直播间，玩具小车堆积如山，主播被玩具小车包围，采用直接按斤售卖的方式。用户现场下单，看上哪款选哪款。

第六，展示商品原生态的场景。卖四川腊肉的直播间，主播穿上民族服饰，边吃边播。

第七，直播间不停忙碌的场景。很多直播间的主播在不停地忙碌，感觉有大量的用户在直播间排队买单。这种热闹的直播场景吸引着直播间用户的停留。

第八，展示烟火气息的场景。很多食品类直播间，主播一边现场加工制作，一边替用户品尝，镜头中还飘着缕缕白烟。这种场景非常能勾起用户的食欲，而且有些直播的时间是三更半夜，这时候，用户越看越饿，越饿就越想购买。

第九，演绎神话传统的场景。主播打扮成嫦娥，桌子上摆满了月饼，一只可爱的小白兔在吃草，直播间的背景是一轮明月。

第 6 章

直播话术

／ 学前提示 ／

　　直播带货需要人与人之间的信任和交互，直播话术就是传递信任的语言。直播话术是一种销售话术，所以要符合销售与营销的思维。

　　笔者总结的直播话术按照销售与营销的思维设计，从用户购物的心理活动角度，将直播话术分为"我需要""我喜欢""我买得起""我买得值""我买得放心""我只有现在才买得值"。

6.1 话术分类

本书中的直播话术主要指的是主播话术。直播话术还包括场控话术、运营话术等。

本节，笔者将从活动话术、互动话术、讲品话术、打单话术、回评话术五个方面来拆解直播话术。

6.1.1 活动话术

活动话术主要包括活动的主题和内容。

活动的主题是指直播间开展活动的缘由，例如，店铺周年庆、主播首播、主播生日、新款上市、节假日宠粉福利、换季清仓等。

活动的内容是指对本次直播的内容介绍。主播通过自我介绍、品牌介绍树立人设；通过引流品介绍展示商品的高性价比。同时，通过限时、限量抢购，亏本销售，买一赠一等方式，在直播间营造出一种紧张、商品稀缺、大家纷纷抢购的氛围感，让直播间的用户产生一种生怕错过商品的恐慌感。

活动话术要带给用户一种情绪冲击力，用户停留在直播间，听从主播的行动指令。所以，活动话术为互动话术做出铺垫。

活动话术失败的原因有以下四点。

第一，活动时间、活动内容的不确定性。例如，"马上就给用户炸一波福利"这句话给用户带来了很多不确定性，应该明确告诉用户活动的时间，如1分钟后。同时，应该明确活动的内容，如9.9元抢3只阳澄湖大闸蟹。

第二，盲目地卡库存。卡库存的目的是在直播间营造出一种商品很稀缺的氛围。如果直播间在线人数只有3~5人，主播卡库存毫无意义。

第三，性价比不高的引流品无法对用户产生吸引力。如果用户对引流品不感兴趣，就不会听从主播的行动指令。

第四，主播不能求着用户购买秒杀品。主播应该通过一些营销策略使用户纷纷抢购秒杀品。

6.1.2 互动话术

互动话术是指主播通过塑造引流品的高性价比，以及饥饿营销的方式，向用户发出行动指令，引导用户在直播间点赞、评论、转粉、转团、点亮灯牌、分享直播间等。

互动话术的作用有如下三点。

第一，互动话术可以提升直播间的人气指数。人气指数决定直播权重，直播权重决定平台的奖励推流。所以，互动话术能给直播间带来更大的自然流。

第二，互动话术可以加速平台给直播间打上兴趣标签。兴趣标签决定直播内容对哪一类人群有吸引力。兴趣行为包括直播间点赞、评论、转粉、转团、点亮灯牌、分享直播间等。所以互动话术能给直播间带来更精准、更高质量的自然流。

第三，互动话术可以积累更多粉丝，增强粉丝与主播的黏性，提升粉丝与主播的亲密度。点亮灯牌表明主播和粉丝之间建立了一种信任感，在粉丝点亮灯牌后，直播间粉丝的名字前面会出现一个黄马甲，黄马甲的数字代表粉丝与主播的亲密度。粉丝停留在直播间，为主播点赞、评论、刷礼物等行为都会转换成亲密值，记录在灯牌里。

互动话术失败的原因如下。

第一，诱导用户公屏评论。

第二，诱导粉丝点赞。

第三，诱导粉丝停留。

第四，诱导粉丝关注。

第五，诱导粉丝加入粉丝团。

6.1.3　讲品话术

讲品话术是指主播在直播间介绍爆款利润品时所使用的话术。常见的讲品话术有营造使用场景话术、痛点话术、卖点话术、促销话术、报价话术、打消顾虑话术、"逼单"话术。

第一，营造使用场景话术是指主播针对商品的使用角色、使用地点、使用场合、使用时间、使用季节、使用节日、使用心情等场景的塑造，使用户对商品的需求由非刚需转为刚需。

第二，痛点话术是指提出痛点和放大痛点。这里的痛点是指用户在使用同类商品时遇到的问题，这些问题会给用户带来负面影响，使用户感到焦虑和恐惧，并损害用户的利益。痛点有多痛，市场就有多大。

第三，卖点话术就是介绍商品所具备的与众不同的属性。卖点话术不仅帮助用户解决痛点，还能使用户产生购买欲望。

第四，促销话术本质上利用了人们喜欢"占便宜"的心理特征。商品是否便宜不重要，用户感觉"占了便宜"才重要。

第五，报价话术是指主播采用报价策略后，用户接受了商品的价格。常见的报价话术有价格"高开低走"，与同质量不同款的市场价对比，与淘宝、拼多多、京东等平台的同款价格对比，塑造商品的价值、拆分商品的卖点。

第六，打消顾虑话术是指能够消除用户心中的顾虑，使用户对主播产生信任的话术。

第七，逼单话术是通过饥饿营销的策略，使用户产生紧张感、稀缺感、抢购感以及错过商品的恐慌感的话术。逼单话术可以使用户产生冲动购物的行为，感性消费。

6.1.4 打单话术

打单话术是指当主播讲完商品后，用户对商品的购买欲望达到了顶点，这时主播、场控人员、运营人员相互配合引导下单的话术。

常见的打单话术包括主播和场控人员共同倒计时，运营人员报商品的剩余库存等。

用户点击讲解卡或者购物车链接，进入商品详情页，直播的公屏页面会出现"热销×数字"的动态效果，直播间将形成羊群效应。

打单话术要注意以下四点。

第一，打单的时机不可以太晚。当主播完成了讲品，用户对商品产生了购买欲望时，主播切记不可再过多介绍商品。在用户对商品产生兴趣后，这个兴趣的时间可能只是几分钟，甚至几秒钟。主播应该趁热打铁，及时打单，重复赘述会错过用户下单购买的时机。

第二，打单的时机不可以太早。当主播完成了讲品，但没有让用户消除心中的顾虑以及没有得到用户的信任，用户没有感觉"占了便宜"时，如果主播过早打单，用户一般是不会买单的。

第三，当主播打单后，如果在线人数急剧下降，主播可以通过福袋抽实物、抽抖币的方法吸引用户的停留。主播可以利用开奖的时间及时地讲品和打单。

第四，当主播打单后，如果在线人数急剧下降，主播也可以及时推出引流品救场。在讲述引流品时，主播可以适当地憋单，利用憋单的等待时间及时地讲品和打单。

6.1.5 回评话术

回评话术是指主播回复用户问题的话术。主播与用户的互动交流可以提升用户的购物体验。主播通过回评话术及时地解决用户的问题，打消用户的顾虑，增加用户对自己的信任。

常见的回评话术注意事项有以下三点。

第一，主播要有自己的直播节奏。主播不能因为回复用户的问题，将自己的直播节奏打乱。主播可以挑选一些有代表性的问题，针对性地进行回复。

第二，主播要有信心的传递，情绪的转移。主播在回复用户问题的时候，要表现得自信、真诚、专业，这样才能获得用户的信任，成为用户心目中的KOL（Key Opinion Leader，关键意见领袖）。

第三，主播要有幽默和化解尴尬的能力。轻松愉悦的直播内容有助于提升用户的进入停留率。主播幽默的回评可以愉悦直播间的氛围，当公屏出现"黑粉"或者"杠精"的一些不好言论时，主播可以通过幽默的方式轻松地化解尴尬。

6.2 我需要

货架电商的底层逻辑是，用户先有需求，再去平台搜索，经过综合对比后，产生下单行为。兴趣电商的底层逻辑是，用户在观看直播的过程中被主播分享的好物"种草"，产生下单行为。

用户是不会为自己不需要的东西买单的，这也是很多明星直播带货失败的原因，流量不等于销量。需求源于用户的痛点，痛点有多痛，用户的需求就有多大。主播要找出用户在使用同类商品时遇到的问题，并放大问题的严重性。

6.2.1　营造使用场景

使用场景是指用户在使用商品时可能出现的各种情景。常见的使用场景包括使用角色、使用地点、使用场合、使用时间、使用季节、使用节日、使用心情。

第一，使用角色。使用角色是指什么样的用户会使用这款商品。包括用户的年龄、职业、性别、体质、兴趣爱好等。

第二，使用地点。使用地点是指用户会在什么地方使用这款商品。包括公司、厨房、客厅、卧室、户外等。

第三，使用场合。使用场合是指用户会在什么场合使用这款商品。包括旅游、聚餐、生日会、培训学习、婚礼等。

第四，使用时间。使用时间是指用户会在什么时间使用这款商品。包括早上、中午、下午、晚上、饭后、下班后、生病时等。

第五，使用季节。使用季节是指用户会在什么季节使用这款商品。包括春天、夏天、秋天、冬天。

第六，使用节日。使用节日是指用户在什么节日使用这款商品。包括春节、元宵节、情人节、清明节、劳动节、七夕节、中秋节、父亲节、母亲节、护士节、国庆节、圣诞节等。

第七，使用心情。使用心情是指用户会在什么情绪下使用这款商品。包括喜怒哀乐等。

主播将上述场景串联起来，形成一幅幅画面。用户身临其境，与主播产生情感共鸣。用户体会到商品在某种场景的重要性，便会有兴趣继续了解商品的卖点和价格。

6.2.2 提出痛点

提出痛点就是找到用户在使用商品的过程中，商品给用户带来的负面影响。痛点是用户迫切需要解决的问题，不解决痛点所带来的痛苦远大于用户花钱的痛苦。

痛点可以是价格太贵、外观丑陋、使用不方便、食品安全堪忧等。

痛点也可以是孩子睡觉总是滚下床，老公有应酬经常喝醉酒，自己皮肤不好总是被嘲笑，父母年纪大了腿脚不好等。

6.2.3 放大痛点

放大痛点就是放大商品对用户产生的负面影响。人们总是忽略小问题，只有问题足够严重的时候才会重视。所以，放大痛点的目的就是让用户意识到，如果不解决痛点，事情的结果只会更糟糕。

6.3 我喜欢

主播通过对商品使用场景的塑造，痛点的提出和放大，使用户对商品产生了需求。然而，用户喜欢的一款好商品，不仅需要解决用户的痛点，还需要具备独特的卖点以及极致的性价比。

6.3.1 引出商品

引出商品是指主播开始讲解商品。当主播塑造了商品的使用场景，讲述了用户的痛点，放大了用户痛点后，用户对商品产生了需求，这时，主播要及时引出商品。笔者总结了三个引出商品的时机。

第一，当直播间在线峰值相对较高时，主播开始引出商品。

第二，当直播间建立模型，直播间标签精准化，平台探索到垂直的人群时，主播开始引出商品。

第三，当直播间营造出用户信任的氛围时，主播开始引出商品。

6.3.2 塑造卖点

卖点是指商品具有的独一无二的商品属性。核心卖点一般具有新颖性、排他性、虚拟性和强大的竞争力。

卖点的本质就是商品拥有的独特属性。用户不仅希望看到"产生需求"的卖点，更希望看到"产生惊喜"的卖点。

6.3.3 解决痛点

解决痛点就是制造爽点和痒点。

爽点是指商品的卖点能够及时地满足用户的需求，解决用户的烦恼。

痒点是指商品的卖点可以实现用户的梦想，满足用户的需求。用户感觉遇到更好的自己。

例如，某主播在直播间卖祛痘霜。主播向用户展示自己以前皮肤的照片，满脸都是痘痘。主播开始讲述自己曾经买过的祛痘霜，不仅没有效果，而且皮肤出现了过敏现象。而直播间这款品牌祛痘霜，祛痘效果特别好，就连之前的痘印也一起祛掉了。同时，这款品牌祛痘霜还可以起到控油的作用。在这个案例中，主播曾经买过的祛痘霜没有效果，这是提出痛点；没有效果的祛痘霜导致主播皮肤过敏，这是放大痛点；直播间这款祛痘霜的祛痘效果特别好，这是制造爽点，这款祛痘霜可以祛掉之前的痘印，清除面部多余的油脂，这是制造痒点。

6.4 我买得起

"我买得起"是指直播间的商品具有极致的性价比，价格甚至比平时的价格更便宜。主播站在用户的角度帮助用户挑选好商品，还帮助用户拿到低价格。直播间大部分的用户都会觉得买得起。

降低门槛

降低门槛是指主播站在用户的角度，主动降低商品的价格。用户会觉得自己可以花比较少的钱买到这么好的一款商品。

用户被动掏钱会觉得痛苦，但是，用较低的价格可以买到一款性价比超高的商品是一件很划算的事情。这种"占了便宜"所得到的喜悦大于被动掏钱的痛苦，最终，用户愿意主动掏钱购买。

降低门槛的本质就是主播设置好价格锚点，然后通过活动促销的方式，主动把价格降低，让用户买得起。

例如，上述案例中的祛痘霜在该品牌的官方天猫旗舰店售价每支399元。主播告诉用户，今天是该品牌活动推广日，厂家亏本拿出30支，直播间的价格不是399元，也不是299元，而是168元买一支，送一支。只有30支的库存，抢到就是赚到，1分钟后准时开抢！这就是降低门槛的做法。

6.5 我买得值

有时候，虽然用户对商品产生了购买需求和购买意愿，但不能接受商品的价格。主播要通过价格对比、塑造价值、福利促销等策略让用户感受到物超所值，并快速下单购买。

6.5.1 对比价格

用户认为主播卖的商品比较贵，根本原因是没有看到商品价格之间的对比。

关于商品价格的对比策略，笔者总结了如下三点。

第一，直播间的商品价格与门店同样商品的市场价进行价格对比。例如，直播间一双299元的皮鞋，在门店的市场价是一双699元。由于直播间的清仓活动，所有商品亏本抛售，不为了赚钱，就为了资金的快速回笼。用户经过价格的对比，自然接受直播间的价格。

第二，直播间的商品价格与同款、同品质、不同品牌的商品进行价格对比。例如，直播间销售的某款白牌电风扇，从外观、材质、工艺、功能、售后等各方面与某品牌电风扇一样，但价格更便宜。虽然直播间售卖的是白牌商品，但由于与品牌商品具备同样的品质与服务，用户经过价格的对比，认为直播间的商品性价比更高，值得购买。

第三，直播间的商品价格与其他平台销售的同样商品进行价格对比。例如，直播间销售的某款电饭锅，在抖音小店售价399元。主播打开淘宝、京东、拼多多等平台，发现同款商品最低价格是468元。用户经过搜索对比后，发现主播说得是真的，并相信主播，觉得直播间的商品性价比更高，值得购买。

6.5.2 塑造价值

在大部分人心中，好的商品自然有贵的理由。"不怕买贵的，就怕买错的""一分价钱一分货"是人们心中普遍的共识。

当直播间的商品价格不占优势时，主播先不要告诉用户商品的价格，而是要先塑造商品的价值。当用户意识到商品具有很高的价值后，自然会接受较高的价格。

当主播塑造商品的价值时，需要拆分商品的卖点。一旦商品的价值得到用户的认可，用户便会接受商品偏高的价格。

例如，直播间售卖一款男士皮鞋，这款皮鞋采用纯牛皮的材质，鞋底采用美国进口橡胶，纯手工制作。皮鞋的款型是由德国著名设计师在参考了1000位中国男士的脚型后设计出来的。主播不断向用户传递皮鞋选材精良、做工严谨、设计新颖等特点，用户意识到皮鞋的价值，接受了皮鞋的价格，最终选择下单购买。

6.5.3 福利促销

福利促销抓住了人们"爱占便宜"的心理特点。用户不在乎商品有多便宜，而在乎自己能"占多少便宜"，福利促销正好满足了用户这一心理特点。常见的福利促销方式有商品优惠券赠送，满减优惠、满减赠送，买一赠一，福袋抽奖，转盘抽奖，当季清仓、反季清仓，节假日促销、纪念日促销、电商节促销，限时秒杀。

商品优惠券赠送。商品优惠券是福利促销中最常见的方式之一。商品优惠券分为店铺粉丝优惠券和达人粉丝优惠券。店铺粉丝优惠券是指抖音官方账号直播间发放的仅粉丝可领的优惠券；达人粉丝优惠券是指合作达人直播间发放的仅粉丝可领的优惠券。

商品优惠券的内容，其中包括以下信息。

（1）优惠券名称。

（2）优惠券类型：店铺折扣券、店铺直减券、店铺满减券、指定商品折扣券、指定商品直减券。

（3）店铺满减券需要设置满减金额。

（4）店铺直减券需要设置直减金额，这种优惠券是没有消费门槛的。

（5）领取时间。

（6）使用时间。

（7）发放量，创建优惠后，发放量只能增加不能减少。

（8）每人限领数量。

（9）领券后跳转。

（10）价格风险预警，计入或不计入，当商品价格低于优惠券的金额时，系统会提示存在风险。

优惠券的发放需要运营人员进入直播中控台，添加设置好的定向券，再添加至直播间。这样，直播间就会出现赠送用户的商品优惠券。

满减优惠、满减赠送。满减优惠、满减赠送是指用户在直播间消费一定的金额后，享受的优惠立减或者某些赠品。这样可以鼓励用户的消费金额达到满减金额，从而有效提升客单价，实现多商品连带销售。满减优惠不仅可以引导用户凑单，还可以引导用户进行单品多件消费。

关于店铺满减赠送活动，主播可以提前进行活动宣传。例如，直播间一次性消费满99元，赠送价值59元的一套面膜；直播间一次性消费满199元，赠送价值99元的一套祛斑美白保湿霜。

买一赠一。买一赠一可以是买一款商品，送同款商品；也可以是用户拍1号链接，送2号链接。买一赠一的促销方式可以提升商品的销量，还可以激发用户的购物热情。但赠送的商品要具备一定的价值。

福袋抽奖。福袋可以分为抖币福袋、实物福袋、超级福袋。福袋可以抽取抖币、商品、免单特权。福袋抽奖的方式不仅可以提高用户在直播间的进入停留率，还可以提高直播间商品的点击率和转化率。

转盘抽奖。转盘抽奖是指主播与用户在互动时使用转盘抽取奖品的一种福利促销方式。例如，当直播间点赞数达到10万时，主播开启转盘抽奖活动，若用户抽到价值399元的无线领夹麦，主播便以赠送超级福袋的方式将无线领夹麦送给中奖的幸运用户。

当季清仓。很多主播会采用当季清仓的促销方式消除库存。常见的当季清仓的方式有打折、满减等。

反季清仓。反季清仓是指在当季卖过季商品，一般服饰类商品会选择这种促销活动，价格比当季便宜很多。例如，某主播在夏天卖羽绒服，全场5折销售。很多用户感觉衣服质量不错，价格便宜，纷纷下单购买。主播通过反季清仓这种活动方式，不仅提升了直播间的销量，而且有效地减少了库存，回笼了资金。

节假日促销、纪念日促销、电商节促销。主播利用在节假日时用户对商品的使用需求，推出对应的商品，并在这些日子给予粉丝优惠权益。主播在一些纪念日（如用户的生日、结婚纪念日等）为用户提供商品优惠券、小礼物等福利。主播在电商节促销前会进行活动预热，提前做好大促期间的活动方案，包括合理备货，配备足够人手，撰写福利促销方案、投流方案等。

限时秒杀。限时秒杀是指主播设置一个固定的时间段，以较低的价格销售商品。直播间需要提前创建限时秒杀活动，包括活动名称，活动范围，活动商品，秒杀渠道设置（我的直播间、授权达人直播间），授权时间段，投放方式（手动投放、自动投放），设置秒杀价（秒杀价低于商品原价），设置库存（秒杀库存小于商品总库存）。创建限时秒杀活动后，需要进行投放设置，包括选择秒杀活动，投放方式（立即投放、定时投放），投放时间，投放库存，每人限购数量，秒杀倒计时等。

6.6 我买得放心

很多用户会一直停留在商品的详情页不肯创建订单，或者创建了订单不肯付款。用户犹豫的时间越长，购买商品的概率越低。其实，他们的内心是存在一定顾虑的。因此，主播只有主动打消用户的顾虑，让用户买得放心，才能提升商品的转化率。

用户常见的顾虑有：

（1）怀疑商品的真实性。

（2）商品为非刚需品。

（3）担心商品的售后服务差。

（4）对主播不信任。

打消顾虑

关于用户常见的顾虑及相应打消顾虑的策略，笔者总结如下。

顾虑一：怀疑商品的真实性。

主播可以采用"见证"和"从众"的策略打消用户的顾虑。

常见的"见证"策略如下。

（1）主播现场试用、试吃商品，用户可以很直观地看到效果。

（2）如果直播现场无法展示商品的试用、试吃效果，主播可以讲述自己的经历。

（3）呈现"见证"背书：国家保密配方、专家团队研发、权威机构检测等。

常见的"从众"策略如下。

（1）主播发布福袋口令，用户在公屏刷"活动真实"四个字，形成羊群效应。

（2）呈现"从众"背书：全网好评销量领先、口碑推荐等。

顾虑二：商品为非刚需品。

主播营造商品的使用场景的话术可以让用户对商品的认知由非刚需转为刚需。主播针对商品的使用角色、使用地点、使用场合、使用时间、使用季节、使用节日、使用心情等进行场景塑造，用户对号入座，对商品产生刚性需求。

顾虑三：担心商品的售后服务差。

用户在下单前，可能会担心商品售后服务的问题。笔者总结了以下四点注意事项。

（1）主播在直播时，操盘手一定要安排客服人员及时通过飞鸽回复用户提出的问题。

（2）在本地生活团购直播间，主播可以使用公屏悬浮贴纸或者手卡展示团购券中"随时退""过期退"的售后服务。

（3）在直播带货直播间，主播可以使用公屏悬浮贴纸或者手卡展示"7天无理由退换货""赠送运费险"等售后服务。

（4）主播要告知用户品牌商品的售后服务体系。

顾虑四：对主播不信任。

当用户对主播不信任的时候，用户是不会在直播间下单购买商品的。那么主播如何获得用户的信任？

（1）主播要建立符合自己的人设。抖音的短视频内容定位、主播身份定位、直播风格定位等都要与人设相匹配。当主播建立自己的人设后，用户才会对主播产生信任。

（2）在直播前，主播要亲自试用商品，掌握与商品相关的专业知识，对商品足够的了解。只有这样，主播才能从专业的角度引导用户消费，获得用户的信任。

（3）主播可以与用户进行情感互动。主播告诉用户自己经历的一段故事，拉近与粉丝之间的情感距离。主播正能量的思想是可以获得用户的共鸣和信任的。

（4）在讲品时，主播既要讲述商品的卖点，也要告知用户商品的不足之处。用户不怕明坑，就怕暗宰，信任的前提是利他和彼此的坦诚。

（5）在讲品时，主播要注意公屏用户的心声。主播既要保持自己直播的节奏，又要积极回答公屏上用户普遍关心的问题。

6.7 只有现在买得值

用户打消了内心的顾虑，但离下单购买还差"临门一脚"。"临门一脚"就是让用户觉得只有马上付款，才不会错过机会。笔者将用户在下单购买前的"临门一脚"称为"饥饿逼单"。

饥饿逼单

常见的饥饿逼单策略有限时、限量、限库存、限地点。

限时。限时促销是指主播在指定的时间内降低商品的价格。错过指定的时间，商品将恢复原价。限时可以让用户产生一种紧张感，这种紧张感可以促使用户冲动消费。

常见的话术有如下。

（1）"半小时内下单，单品立减50元。"

（2）"直播间今日促销，所有新品全部9折销售。"

（3）"直播间今日反季大促销，今天下单，全部5折；明天下单，全部7折；后天下单，全部9折。活动三天后结束。"

限量。限量促销是指主播限制用户购买商品的数量。物以稀为贵，用户因为商品的限量感到商品的稀缺进而会选择下单。

常见的话术如下。

（1）"直播间1号链接，每人只能拍1件，多拍没有。"

（2）"下单直播间1号链接的前10名用户，享受9折优惠。"

限库存。限库存是指主播与厂家争取的福利库存有一定的数量限制。用户一定要及时抢购，错过就没有库存了。所以，主播一打单，用户会产生错过商品的恐惧感，减少了犹豫的时间，产生了冲动抢购的行为。

例如，主播："这款商品只跟厂家争取了30件，只有30件，一会秒完就没有了，所以大家一定要拼手速。"主播打单后，运营报库存："还有3单。"直播间这种限库存的策略可以激发用户的消费热情。

限地点。限地点是指主播告诉用户直播间的活动只限在今天主播的直播间。别的直播间不可能遇到同样的优惠。等主播下播后，活动就结束了。

例如，主播："我还有10分钟就下播了。今天厂家给予的优惠只限在我的直播间，还有最后10分钟，最后3单，大家赶紧拍，赶紧抢。如果错过今天，福利就真的没有了！"

第 7 章

团队管理

/ 学前提示 /

直播带货的团队管理包含团队架构和人事管理。

直播带货不是一个人的事,而是一群人的事。管好一群人,需要做到找对人、做对事、管好人、分好钱。

7.1 团队架构

直播团队包括直播间人员和为直播间服务的人员。常见的直播间人员有直播间操盘手、主播、运营人员、场控人员、客服等。笔者将由这些人员组成的部门称为直播事业部。常见的为直播间服务的人员有短视频编导、短视频拍摄人员、短视频剪辑人员、付费投流人员、公共选品人员、行政人员、财务人员、仓储配送人员等。笔者将由这些人员组成的部门称为公共事业部。

根据不同的直播起号机制以及不同的公司发展规模、成长阶段，直播团队配备的人员各不相同。

7.1.1 直播事业部

直播事业部是指公司以每个直播间作为最小单元，不同的直播间配备相同的岗位角色。各个岗位角色的定义分别如下。

第一，直播操盘手

直播操盘手是指负责管理整个直播间各项事务的领头人。

第二，主播

主播负责直播间日常的直播、复盘、人设搭建以及短视频的出演。

第三，运营人员

运营人员主要负责一场直播的账号搭建、选品组品、直播脚本策划、直播场景搭建、开播前准备、中控台操作、直播复盘等工作。

第四，场控人员

场控人员被称为第二主播，主要负责直播间陈列商品、递接商品、互动、打单、清理黑粉、控评、提醒打单引流、替代直播等工作的人员。

第五，客服

客服主要通过飞鸽平台为用户提供答疑解惑服务。及时与用户保持联系，催促用户付款，处理好评返礼等工作。

7.1.2 公共事业部

公共事业部是指为直播间提供服务的部门。公共事业部中各个岗位角色的定义分别如下。

第一，短视频编导

短视频编导主要负责短视频的策划、拍摄、剪辑、发布等工作以及与投流部门、选品部门、直播部门沟通爆款短视频的翻拍、修改等工作。

第二，短视频拍摄人员

短视频拍摄人员主要负责按照审核后的短视频脚本进行短视频拍摄的工作。常见的短视频类型有口播、音乐剧等。

第三，短视频剪辑人员

短视频剪辑人员主要负责针对已拍摄的短视频进行剪辑，包括添加背景音乐、文字、特效等工作。

第四，付费投流人员

付费投流人员主要负责付费投流起号，投放小店随心推和巨量千川的工作。投流工作主要包括小店随心推和巨量千川的计划搭建、素材创作、效果测试、计划盯盘、计划关闭或复制、预算调整、出价调整、定向调整等。

第五，公共选品人员

公共选品人员指的是与外部供应链对接的人员。选品的范围包括引流秒杀品、承接福利品、爆款利润品、锚点对比品、促销赠送品。公共选品人员要具备敏锐的市场洞察力，能够根据第三方选品平台以及爆品销售的规律，选出日常爆品和潜力爆品。公共选品人员对供应链厂家有一定的要求，除了要具备爆单后的生产能力，还要具备优秀的生产质量和完善的售后服务。

第六，行政人员

行政人员主要负责日常的行政工作以及人才招聘、培训、绩效考核、薪酬设计等工作。

第七，财务人员

财务人员主要负责日常的财务账本编写、报税开票、对账收款、工资发放，日常开销等工作。

第八，仓储配送人员

仓储配送人员主要指负责货品保管、进销存管理、同城配送等工作。

7.1.3 架构设计

不同的起号机制对应直播团队不同的架构设计。

如果起号机制是引流品憋单起号，直播间通过引流品憋单来获得平台的奖励推流，那么直播团队就只需要配备直播操盘手、主播、运营人员、场控人员、客服。

如果起号机制是短视频起号，直播间通过爆款短视频来引流，那么直播团队除了配备以上岗位角色，还要配备短视频编导、短视频拍摄人员、短视频剪辑人员。

如果起号机制是付费投流起号，直播间除了要制作爆款短视频，还要付费投流，那么直播团队除了配备短视频相关人员，还要配备付费投流人员。

不同的成长阶段对应直播团队的架构设计也有所不同。对于刚刚起步的直播间，可能一人身兼多职。如直播操盘手兼运营人员、客服、付费投流人员的工作，主播兼场控人员的工作，短视频编导兼短视频拍摄人员、短视频剪辑人员的工作。

综上所述，直播团队的架构要按照直播的起号机制以及直播间本身的

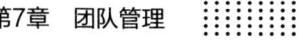

成长阶段灵活设计，并根据自身发展的需要不断地调整和完善。

7.2 人事管理

直播团队的人事管理主要包括人员招募、团队培训、薪酬设计和绩效管理。人员招募的关键是找对人，找对人的前提是慧眼识人，只有找对人，才能事半功倍。团队培训主要指新手培训，直播团队需要建立一套完善的岗位培训体系。薪酬设计一定要合理，薪酬设计的本质是分钱，分好钱决定一个团队的稳定性。因为钱在哪里，心在哪里。绩效管理是指将团队成员的工作进行量化，制定对应的考核指标，并将考核的结果与绩效工资挂钩。绩效管理的目的是提升团队成员的业务能力。

7.2.1 人员招募

直播带货除了要选好赛道，还要组建好团队。组建团队的第一步就是人员招募。常见的招募渠道分为线上招募和线下招募。而人员招募的关键是找对人，所以，在人员招募之前，我们必须搞清楚团队需要什么样的人。只有搞清楚不同的岗位需要具备的不同的知识和技能，我们才能慧眼识人。

1. 招募渠道

招募渠道一般分为线上招募和线下招募。

（1）线上渠道有如下两种。

第一，线上招聘平台。例如，BOSS直聘、58同城、前程无忧、智联招聘、猎聘网等。

第二，同城微信群、贴吧、有影响力的公众号。

（2）线下渠道有如下六种。

第一，同行业熟人推荐。

第二，公司内部员工推荐。

第三，直播培训学校推荐。

第四，高校毕业招聘会。

第五，合作猎头公司。

第六，直播行业大会的人脉推荐。

2. 任职资格

任职资格是指为了保证工作任务得以完成，任职者需要具备的专业知识、工作技巧、业务能力等。笔者将详细讲述直播团队中各岗位角色的岗位职责。

直播操盘手

（1）直播操盘手应该具备主导一个直播账号从0到1，从1到10，再从10到N的能力。

（2）熟悉直播带货的"三驾马车"，熟悉平台的底层逻辑，具备账号起号的实操经验以及全方位设计直播运营方案的能力。

（3）熟悉直播团队成员的岗位职责。使各个岗位的工作内容分工明确，各司其职，建立一套以结果为导向的奖惩机制。

（4）负责制定公司直播事业部的经营策略及发展战略，不断优化运营流程，建立一套完善的运营体系。

（5）全面负责公司运营管理工作，包括团队招募、团队成长、团队激励、团队协同等。

（6）打造团队成员的成长激励体系，建立完善的团队培训课程。通过内部培训和学习，提升团队成员的整体业务水平。

（7）针对对标直播间进行深入的数据分析。熟悉同行的选品策略、营销策略、价格策略、选人策略等，制定有竞争力的竞品方案。

（8）负责实现公司年度目标GMV。根据公司的发展战略，制定每日、每周、每月、每季度的计划，并坚决贯彻执行。

（9）熟悉抖音平台的生态布局，了解抖音平台的政策风向，规避抖音平台的政策风险。

主播

（1）熟悉直播带货的流程和规则，了解平台的底层逻辑，了解用户的购买心理，熟知广告法。

（2）具备较强的沟通能力和表达能力，思维敏捷，抗压能力强，普通话标准，遵从公司管理。

（3）熟悉直播间选品、排品和组品的规则。

（4）把握直播节奏的能力强，有一定的控场能力。

（5）熟悉直播话术的节奏和技巧，了解活动话术、互动话术、讲品话术，订单话术、回评话术等。

（6）具备团队协作能力，与场控人员、运营人员能够有效的配合。

（7）对商品的用户画像分析、使用场景营造、痛点放大、卖点拆解有较深的认知。

（8）关注粉丝的疑问，与粉丝积极互动，提升粉丝活跃度，增加粉丝黏性及数量，提升直播间的人气。

（9）参与直播复盘，发现并总结直播中的问题，并及时改正。

（10）参与直播短视频的拍摄，打造账号的IP人设。

运营人员

（1）负责开播前的信息发布，协助主播完成直播预告。

（2）负责直播设备、网络的检查和调试。

（3）负责直播伴侣的画面调试、贴片设计。

（4）负责抖音小店商品的发布，商品橱窗的上架，精选联盟的开通，达人和团长的对接。

（5）负责巨量百应商品的上架、下架、价格修改、库存修改，打单后报库存。

（6）负责弹屏商品讲解卡的点击。

（7）负责直播间福袋的发放，满减优惠券的发放。

（8）负责搜集并播放近期流行的直播间背景音乐。

（9）负责直播的时间节点规划脚本、直播话术脚本、直播投放脚本、直播复盘脚本的策划和撰写。

（10）负责直播间选品、排品、组品。

（11）负责使用直播伴侣进行录屏。

（12）负责直播复盘。

（13）负责下播后关闭直播设备。

场控人员

（1）具备较强的沟通能力和表达能力，思维敏捷，抗压能力强，普通话标准，具备良好的逻辑思维能力和执行力。

（2）通过搭话、公屏自编脚本等方式辅助主播营造直播间的氛围，提高直播间的人气指数和电商指数。

（3）负责直播间商品展示，打堆头、商品陈列。

（4）负责直播过程中商品的递接工作。

（5）在主播缺席时段，场控人员需要替代主播进行直播。

（6）拉黑直播间的"黑粉""杠精"；提前设置公屏屏蔽词，及时控评公屏不好的言论。

（7）当直播间用户的购物热情、在线峰值相对较高时，场控人员要及时提醒主播"打单"。

（8）当直播间在线人数急剧下跌时，场控人员要及时提醒运营人员发福袋，提醒主播返场引流品。

（9）负责直播后商品的整理收回，整理商品的损耗清单并报备公司财务。

（10）负责跟进主播的咨询、投诉、建议，反馈等业务，有效处理并提出合理的解决方案。

（11）参与直播复盘。

客服

（1）具备较强的语言表达能力，思维敏捷，服务热情。

（2）以"用户第一，满意服务"为宗旨，严禁与用户产生任何语言冲突。

（3）具备敏捷的反应速度。当用户首次访问时，需要及时打招呼，打字速度要快，不能出现错别字，不要让用户等太久。

（4）与用户沟通时使用亲昵称呼，让用户感受到自己的热情、礼貌和尊重。

（5）耐心地了解用户的需求，针对用户的疑问给予专业、满意的答复，并积极引导用户下单。

（6）在沟通过程中，为用户提出合理、利他的建议，激发用户的情感共鸣，赢得用户的信任。

（7）遇到刁难的用户，迅速转移话题。

（8）采用幽默的沟通方式，让用户体验到购物的愉悦。

（9）在直播前，客服需要与运营人员沟通好直播间售卖商品的顺序和种类以及商品的福利政策。

（10）由于直播时咨询量可能暴增，客服应提前创建好快捷键回复。

（11）如果遇到直播间的用户创建了订单但迟迟不愿意付款的现象，客服要及时联系用户，以为用户提供优惠券或赠送小礼品的方式提高商品的转化率。

（12）直播结束，客服需要及时检查当日的物流订单，并及时处理异常订单。

（13）客服要及时给用户留言一些有关商品的使用说明，积极为用户提供增值服务，防止商品产生中差评。

（14）针对已收货的用户，客服可以致电邀请用户进行好评，采用好评返红包的策略。

（15）针对因特殊原因停滞的物流状态，客服应及时跟踪物流并及时反馈用户。

（16）针对已到货未签收的用户，客服应致电用户告知用户尽快签收。

短视频编导

（1）负责短视频的创意内容策划、脚本撰写、演员筛选。

（2）负责短视频的前期拍摄、后期全流程制作，按时、按质、按量完成短视频的出品，提高短视频的点击率、转化率。

（3）负责策划短视频的直播脚本，跟拍演员拍摄，调整拍摄机位，指导演员等，为短视频的质量负责。

（4）熟悉短视频的黄金前3秒，保证短视频的完播率和3秒跳出率。

（5）熟悉短视频文案的构成要素。

（6）熟悉常见的短视频拍摄技巧，负责短视频拍摄过程中的技术指导。

（7）熟悉常见的短视频剪辑软件、剪辑技巧，负责短视频剪辑过程中的技术指导。

（8）保持与操盘手、主播、运营人员、投流人员的积极沟通。

（9）负责制定短视频拍摄计划，计划性地向投流部门提供短视频素材。

（10）负责制定短视频的拍摄、剪辑以及演员出演的考核方案。

短视频拍摄人员

（1）按时完成部门短视频拍摄计划。

（2）掌握一定的拍摄技巧，熟练使用摄像机等拍摄设备，独立完成短视频拍摄、照片拍摄工作。

（3）熟练运用镜头语言并绘制分镜头，镜头感强，能把控好短视频的节奏与风格，配合编导、演员展现拍摄效果。

（4）对镜头、音乐、色彩、设计有独特的见解和认知。

（5）工作充满激情，吃苦耐劳，具备较强的学习能力和团队协作能力。

短视频剪辑人员

（1）按时完成部门短视频剪辑计划。

（2）熟练掌握AE、PR、PS、AI、剪映等剪辑软件，独立完成短视频的剪辑工作。

（3）掌握影视语言、剪辑语言、剧本创作、情景音乐、情景特效等专业知识。

付费投流人员

（1）熟悉每场直播的计划安排、活动安排，制定专业的投流方案。

（2）了解商品的用户画像，做好投流计划的用户基础定向、徕卡定向、达人定向、DMP人群包定向的设置。

（3）负责小店随心推、巨量千川账号的搭建。

（4）负责爆品的投放测试，包括关停或复制计划，提高或降低出价，提高或降低预算，放宽或缩紧定向。

（5）负责公司ROI监控，防止计划跑飞。

（6）针对爆款短视频，及时与短视频团队、直播团队沟通，邀请翻拍，增加爆品的直播时长。

（7）针对审核未通过的投放素材，及时与短视频团队沟通，根据审核的意见，协商短视频的修改。

（8）与财务部门保持沟通，保证巨量千川账号有充足的余额。

（9）在直播过程中及时盯盘，防止账号跑飞。

7.2.2 团队培训

团队培训主要指对团队人员业务能力和专业知识的培训。笔者以新手主播的岗前培训为主，总结了以下一套培训流程。

第一，了解平台的底层逻辑。

做好一件事情的前提：先懂得底层逻辑，再做好顶层设计。所以，对于新手主播来说，了解平台的底层逻辑是必要的。只有了解平台的底层逻辑，才能明白平台的奖励推流。在平台的底层逻辑中最核心的两点是直播权重和直播标签。直播权重决定了奖励推流的规模；直播标签决定了奖励推流的质量和精准度。

当新手主播了解了平台的底层逻辑时，就会明白为什么很多主播在直播间努力提升互动率和停留率；也会明白直播间选品、排品、组品的规则。

第二，了解用户的购买心理。

直播间订单成交的前提是主播获得用户的信任。

当新手主播了解了用户的购买心理时，就会明白如何设计直播话术来获得用户信任。

第三，了解直播间的构成要素。

当新手主播学习了底层逻辑和用户购买心理后，他/她将会站在一定的高度来看待直播。我们再为新手主播准备5个同行的直播间，让她进行感官学习，学习别人是如何进行直播的。新手主播将学习到同行直播间的场景搭建、选品、组品和排品，互动技巧，直播话术技巧等。

第四，了解商品的使用场景。

笔者在前文提过，营造商品的使用场景是为了让用户对商品的需求由非刚需转为刚需。主播针对商品的使用角色、使用地点、使用场合、使用时间、使用季节、使用节日、使用心情等场景的塑造，用户对号入座，对商品产生需求。所以，新手主播需要掌握商品使用场景的营造方法和技巧，通过对使用场景的塑造，使用户对商品产生强烈需求。

第五，拆解商品的卖点。

商品的卖点就是商品所具备的与众不同的属性。卖点不仅帮助用户解决痛点，还能让用户喜欢这个商品。

当新手主播学习了拆解卖点的方法后，我们可以拿出公司的商品，让新手主播找出商品的卖点并一一拆解。

第六，熟悉直播话术。

一场直播的话术分为活动话术、互动话术、讲品话术、打单话术、回评话术。当新手主播熟悉了直播话术后，就可以模仿他人并创造属于自己的话术。

第七，模仿并创造话术。

主播在系统学习了直播话术的内容后，我们可以为新手主播提供一个对标直播间，主播先录屏1个小时，通过"飞书妙记"或者"云猫转码"软件将录屏中的语音转为文字。接着，新手主播根据学习过的直播话术内容，颗粒级地拆解录屏话术。最后，新手主播撰写一份属于自己的直播话术。

在撰写完直播话术后，新手主播一定要勤加练习，并模仿对标直播间主播的节奏、动作、表情、语气，最终形成一套适合自己的直播风格。

第八，直播前试播并复盘。

新手主播在正式直播前，一定要进行直播前的试播。试播时，新手主播可以在有经验的主播的直播间当几天助播，再与运营人员、场控人员约定时间，将直播流程重新走一遍。在直播的过程中，新手主播要考虑团队之间的相互配合。在直播结束后，运营人员带领新手主播进行直播复盘，找出问题，并帮助新手主播修正和完善。

7.2.3 薪酬设计

笔者认为，任何公司都可以分为三个基本层级：执行层、管理层、领导层。主播这个岗位属于执行层，其薪酬主要与绩效相关。为了细化工作指标，提升团队整体业绩，薪酬模式还需要考虑绩效工资。

第一，操盘手薪酬模式

直播间操盘手属于管理层，薪酬模式为底薪加直播间的利润提成。直播间卖出更多的利润品，巨量千川的实际ROI接近并超过目标ROI，这样，公司的利润才能增长，操盘手的薪酬才能更高。

第二，主播薪酬模式

笔者根据主播的月均观看量、月均增粉率、日播时长、粉丝量、销售额、工作年限将主播分为IP级主播、资深主播、中级主播、初级主播。

直播间主播属于执行层，薪酬=（底薪+提成）×90%+绩效。不同级别的主播底薪不同。提成按照直播间月GMV的一定比例计算，这个比例根据商品的毛利润综合设定。绩效按照底薪与提成总和的10%计算。实际的绩效工资根据绩效得分而定。

第三，运营人员和场控人员薪酬模式

运营人员和场控人员属于执行层，薪酬=（底薪+奖金）×90%+绩效。这里的奖金可以按照业绩目标阶梯式设计。例如，如果本月直播间完成300万元及以上的GMV，奖金为3000元；完成100万～300万元的GMV，奖金为2000元；低于100万元的GMV，没有奖金。绩效按照底薪与奖金总和的10%计算。实际的绩效工资根据绩效得分而定。

第四，客服薪酬模式

客服属于执行层，薪酬=底薪×90%+绩效。绩效按照底薪的10%计算，实际的绩效工资根据绩效得分而定。

第五，短视频编导薪酬模式

短视频编导属于管理层，薪酬=底薪+主播提成×25%。编导的提成按照主播提成的25%计算，而主播的提成按照直播间月GMV的一定比例计算。这种薪酬模式更能激励编导管理好自己的短视频团队。

第六，短视频拍摄和短视频剪辑人员薪酬模式

短视频拍摄人员和短视频剪辑人员属于执行层，薪酬=底薪×90%+绩效。绩效按照底薪的10%计算，实际的绩效工资根据绩效得分而定。

第七，付费投流人员薪酬模式

付费投流人员属于执行层，薪酬=（底薪+提成）×90%+绩效。这里的提成按照实际ROI大于目标ROI所消耗的广告金额的一定比例来计算，并不是所有ROI都用于计算提成。绩效按照底薪与提成总和的10%计算，实际的绩效工资根据绩效得分而定。

7.2.4 绩效管理

绩效管理是指管理层人员与执行层人员为了实现公司的战略目标，共同参与制定绩效计划，沟通绩效辅导，测评绩效考核，应用绩效结果，提升绩效目标的行为过程。

接下来，笔者将详细讲述运营人员、主播、客服等岗位的绩效考核。

运营人员（见表7.1）

表7.1 运营人员绩效考核表

类别	考核指标 KPI（Key Performance Indicator，关键绩效指标）	详细描述	量化打分 打分标准	目标分值	数据来源	实际得分	备注
业绩目标考核指标（80%）	直播GMV完成率	（实际GMV÷目标GMV）×100%	≥100%	30	直播事业部/财务部		
			<100%	0			
	利润完成率	（销售收入－销售成本）÷销售收入×100%	≥a%	20	直播事业部/财务部		a根据公司目标收入而定
			<a%	0			
	广告消耗控制率	实际广告消耗金额÷广告预算金额×100%	≤100%	10	直播事业部/财务部		
			>100%	0			
	直播UV	实际GMV÷场观	≥b	10	直播事业部		b根据公司目标GMV而定
			<b	0			
	直播转化率	成交客户数÷场观×100%	≥c%	10	直播事业部		c根据公司目标转化率而定
			<c%	0			
	人均停留时长	直播时长÷场观	≥d	5	直播事业部		d按照1分钟计算
			<d	0			
	平均客单价	实际GMV÷成交客户数	≥e	5	直播事业部/财务部		e根据公司目标GMV而定
			<e	0			
	直播ROI	广告成交金额÷广告消耗	≥f	5	直播事业部/财务部		f依据ROI而定
			<f	0			
	直播GMV	直播周累计成交总额	≥g	5	直播事业部/财务部		g为公司目标GMV
			<g	0			

续表

类别	考核指标 KPI（Key Performance Indicator，关键绩效指标）	详细描述	量化打分				备注
^	^	^	打分标准	目标分值	数据来源	实际得分	^
日常工作考核指标（20%）	团队管理	管理目标的完成情况	按照计划完成	20	直播事业部		
^	^	^	没有完成	0	^		
^	员工培养	员工的培养情况	按照计划完成	20	直播事业部		
^	^	^	没有完成	0	^		
^	沟通协调	各部门沟通协调	积极沟通，及时解决问题	20	直播事业部		
^	^	^	沟通困难	0	^		
^	积极性	工作态度	积极主动	20	直播事业部		
^	^	^	被动消极	0	^		
^	责任感	承担责任	全力以赴	20	直播事业部		
^	^	^	推卸责任	0	^		
合计：							

最终得分=业绩目标考核指标得分×80%+日常工作考核指标得分×20%

运营人员签字　　　　　　　　　　直播操盘手签字

副总经理签字　　　　　　　　　　总经理签字

主播（见表7.2）

表7.2 主播绩效考核表

类别	考核指标	KPI	详细描述	打分标准	目标分值	数据来源	实际得分	备注
业绩目标考核指标（80%）		直播GMV完成率	（实际GMV÷目标GMV）×100%	≥100%	30	直播事业部/财务部		a根据公司目标GMV而定
				<100%	0			
		直播UV价值	实际GMV÷场观	≥a	10	直播事业部		
				<a	0			
		月均直播时长	总直播时长÷30天	≥b	10	直播事业部		b根据公司目标直播时长而定
				<b	0			
		转粉率	（新增粉丝数÷场观）×100%	≥c	10	直播事业部		c按照2%计算
				<c	0			
		直播转化率	成交客户数÷场观×100%	≥d%	10	直播事业部		d根据公司目标转化率而定
				<d%	0			
		人均停留时长	直播时长÷场观	≥e	10	直播事业部		e按照1分钟计算
				<e	0			
		点赞率	点赞数÷场观×100%	≥f%	5	直播事业部		f按照5000赞/小时计算
				<f%	0			
		评论率	公屏评论人数÷场观×100%	≥g%	5	直播事业部		g按照5%计算
				<g%	0			

续表

考核指标				量化打分			
类别	KPI	详细描述	打分标准	目标分值	数据来源	实际得分	备注
日常工作考核指标（20%）	工作态度	责任心	全力以赴	20	直播事业部		
			推卸责任	0			
		勤奋程度	勤勤恳恳	20	直播事业部		
			懒惰消极	0			
		团队协作	积极配合各部门，有很强的团队合作精神	20	直播事业部		
			不配合，自私自利	0			
	工作能力	执行力	执行力强，积极完成任务	20	直播事业部		
			执行力差，不能完成任务	0			
		工作效率	效率高，按时按量完成	20	直播事业部		
			效率低，不能完成任务	0			
最终得分=业绩目标考核指标得分×80%+日常工作考核指标得分×20%				合计：			
主播签字				直播操盘手签字			
副总经理签字				总经理签字			

客服（见表7.3）

表7.3 客服绩效考核表

类别	考核指标			量化打分			
	KPI	详细描述	打分标准	目标分值	数据来源	实际得分	备注
业绩目标考核指标（80%）	直播GMV完成率	（实际GMV÷目标GMV）×100%	≥100%	40	直播事业部/财务部		
			<100%	0			
	直播转化率	（成交客户数÷场观）×100%	≥a%	10	直播事业部		a根据公司目标转化率而定
			<a%	0			
	人均停留时长	直播时长÷场观	≥b	10	直播事业部		b按照1分钟计算
			<b	0			
	用户等待时长	直播间用户咨询等待时长	≤c	10	直播事业部		c按照3分钟计算
			>c	0			
	待支付订单催单率	已催单数÷总待支付订单×100%	≥d%	10	直播事业部		d根据目标催单数而定
			<d%	0			
	物流异常订单跟进率	已跟进异常订单÷异常订单×100%	≥e%	10	直播事业部		e根据目标异常单跟进数而定
			<e%	0			
	已收货订单邀请好评率	已邀请好评订单数÷总收货订单数×100%	≥f%	10	直播事业部		f根据目标邀评订单数而定
			<f%	0			

续表

考核指标 / 量化打分

类别	KPI	详细描述	打分标准	目标分值	数据来源	实际得分	备注
业绩目标考核指标（80%）	已到货未取货订单跟进率	已到货未取货订单跟进数÷已到货未取货订单总数×100%	≥g%	10	直播事业部		g根据目标到货未取订单跟进数而定
			<g%	0	直播事业部		
日常工作考核指标（20%）	工作态度	责任心	全力以赴	20	直播事业部		
			推卸责任	0	直播事业部		
		勤备程度	勤勤恳恳	20	直播事业部		
			懒惰消极	0	直播事业部		
		团队协作	积极配合各部门，有很强的团队合作精神	20	直播事业部		
			不配合，自私自利	0	直播事业部		
	工作能力	执行力	执行力强，积极完成任务	20	直播事业部		
			执行力差，不能完成任务	0	直播事业部		
		工作效率	效率高，按时按量完成	20	直播事业部		
			效率低，不能完成任务	0	直播事业部		

合计：

最终得分=业绩目标考核指标得分×80%+日常工作考核指标得分×20%

客服签字		直播操盘手签字	
副总经理签字		总经理签字	

第 8 章

软件实操

/ 学前提示 /

　　本章将详细讲述与抖音直播相关的软件的实际操作方法。常见的相关软件有抖音App，直播伴侣、巨量百应、抖音小店等。

　　抖音App主要用于发布短视频，使用手机直播，管理用户，添加商品等；直播伴侣主要用于使用电脑进行直播，搭建虚拟绿布直播间；巨量百应主要用于商品上架、下架，价格调整，库存修改，发福袋，发优惠券，监测直播数据等；抖音小店主要用于直播商品的详情页发布等。

8.1 直播软件

本章，笔者将以图文的方式讲述抖音App、巨量百应、抖音小店的实际操作方法。

8.1.1 抖音App

1. 打开抖音App，点击"开直播"。可以设置直播封面、直播标题、主播定位、直播可见范围、直播分类。

2. 点击"美化"（见图8.1）。大家根据自身需要设置美化功能：美颜、风格妆、滤镜、美体（见图8.2）。笔者建议大家在使用时适可而止。

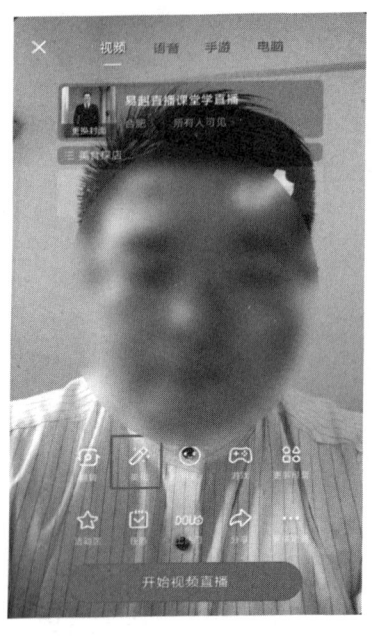

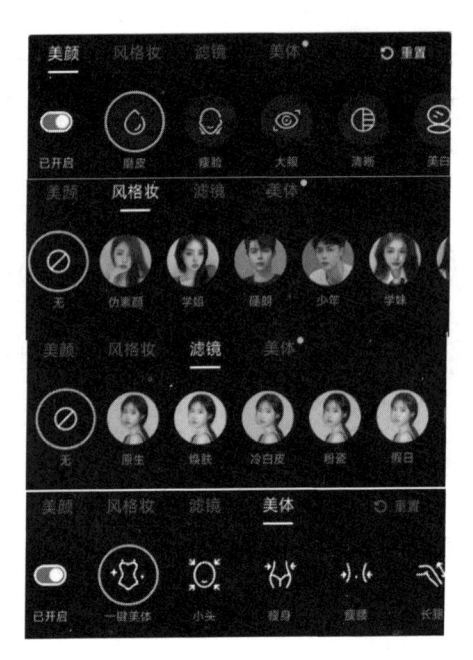

图8.1 美化界面　　图8.2 美化功能界面

3. 点击"更多经营"（见图8.3）。添加直播间商品链接，或者添加直播间团购链接（见图8.4）。

4. 点击"更多功能"（见图8.5），主要设置直播间介绍、直播预告、公屏设置、直播发言权限设置。

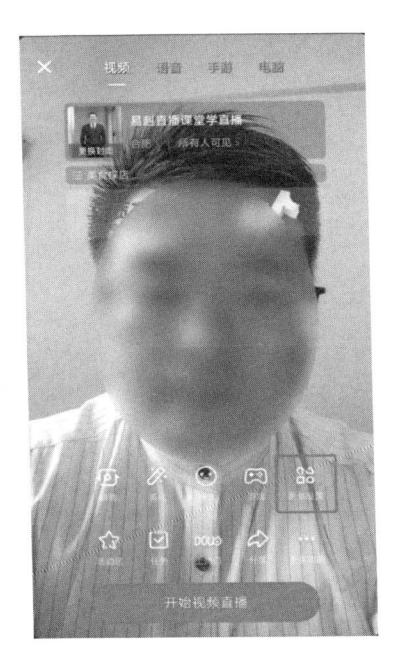

图8.3 更多经营界面　　　　图8.4 添加链接界面

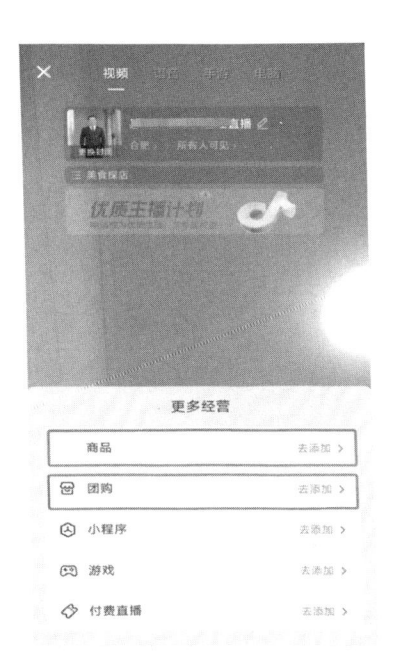

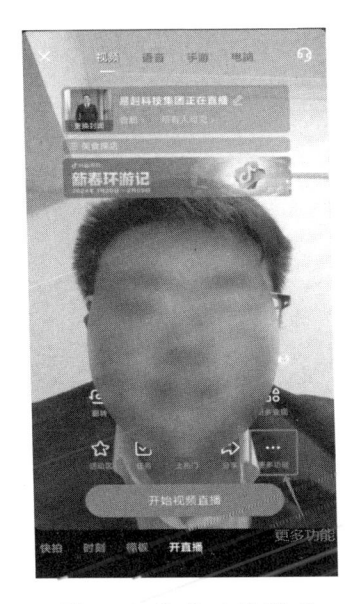

图8.5 更多功能界面

（1）直播间介绍，在评论区向刚入场的观众介绍本次直播的特色与精彩内容，吸引他们留在你的直播间（见图8.6）。

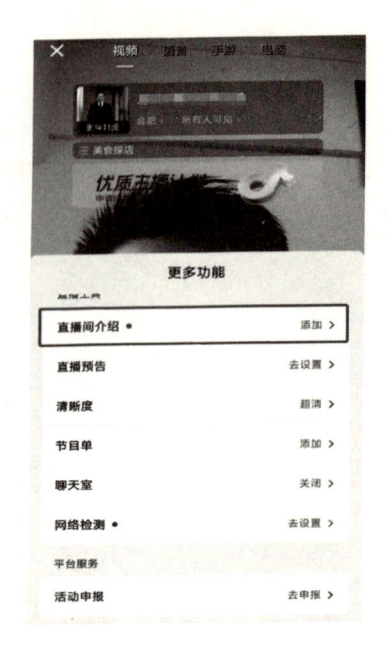

图8.6 直播间介绍界面

（2）点击"直播预告"（见图8.7）。主要设置开播时间、每周重复、预告内容等（见图8.8）。

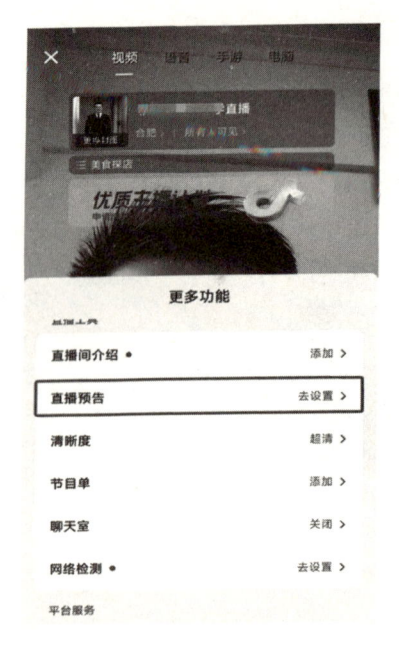

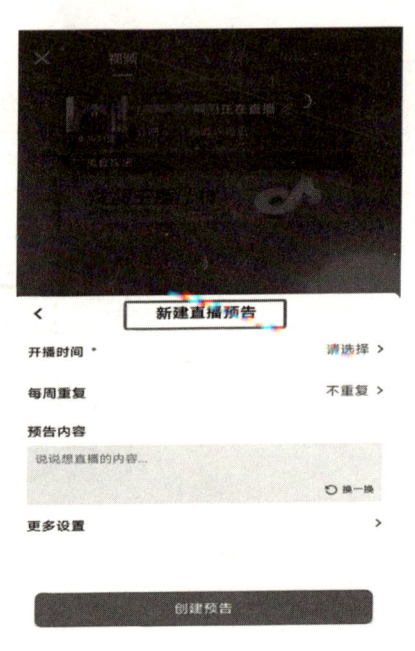

图8.7 直播预告界面　　　　图8.8 直播预告设置界面

（3）点击"公屏设置"（见图8.9）。主要设置公屏内容的字号与高度。

图8.9　公屏设置界面

（4）点击"直播发言权限"（见图8.10），设置是否开启主播侧语言自动播放，主要设置是否允许观众评论、是否允许观众发送语音（见图8.11）。

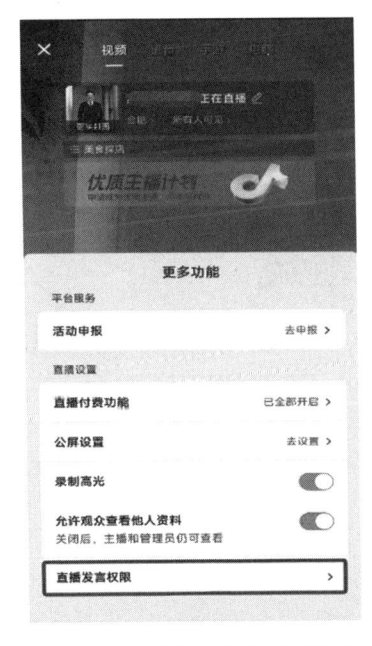

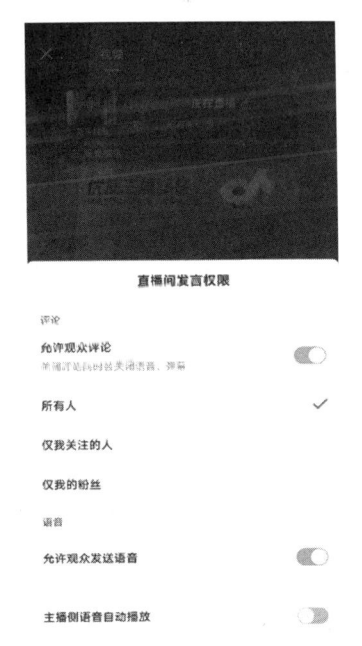

图8.10　直播发言权限界面　　图8.11　直播发言权限设置界面

（5）开启直播后，主播可以在功能区发福袋（见图8.12），点击"直播管理"（见图8.13），设置拉黑与禁言、屏蔽词、管理员添加（见图8.14）。

图8.12　福袋界面　　　　　　图8.13　直播管理界面

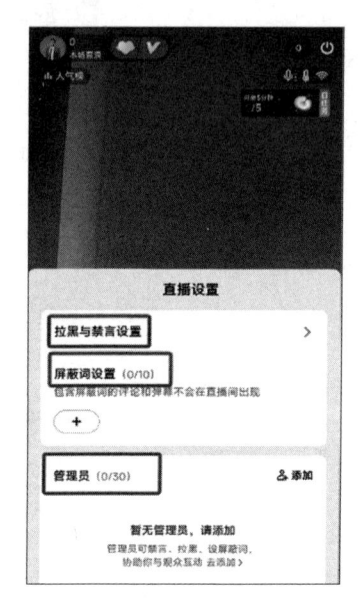

图8.14　拉黑与禁言设置、屏蔽词设置、管理员界面

8.1.2 巨量百应

1. 登录

登录巨量百应，选择"达人工作台"，使用达人抖音App扫码登录（见图8.15）。

图8.15　巨量百应登录界面

2. 直播中控台。

（1）直播互动。可以设置用户分类：全部、粉丝、购买过、已加购，同时可以回复观众或直接发评，设置发布后置顶等（见图8.16）。

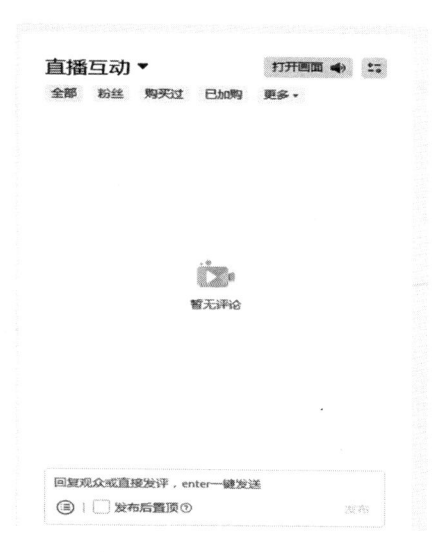

图8.16　直播互动界面

(2)添加商品。

①选择商品(见图8.17)。

(a)最近添加:添加最近上架的商品。

(b)选品车:通过搜索商品名称,店铺名称或ID选择商品。这里可以添加抖音小店的自有商品。

(c)我的橱窗:添加精选联盟中筛选的橱窗商品。

图8.17 添加商品中的选择商品界面

②商品链接:添加商家、团长发送的商品链接,平台识别链接后将会进行审核(见图8.18)。

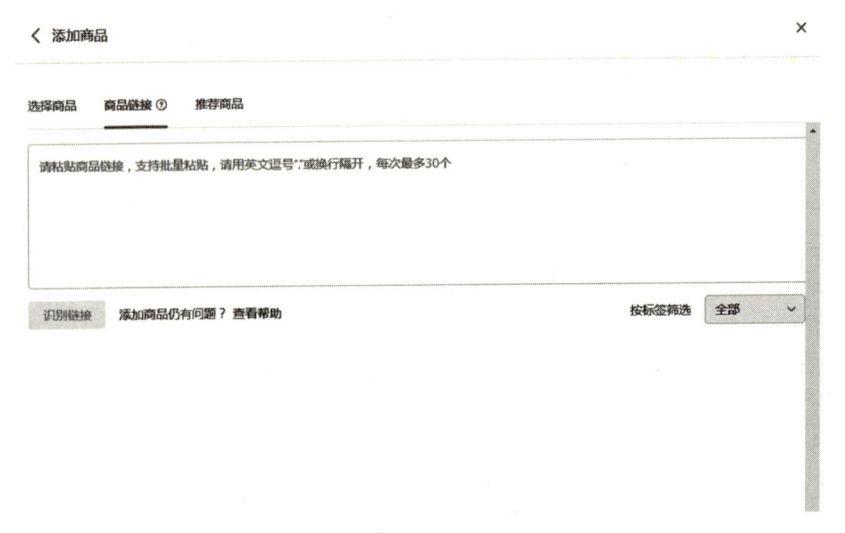

图8.18 添加商品中的商品链接界面

③推荐商品：添加平台推荐的精选联盟爆款商品（见图8.19）。

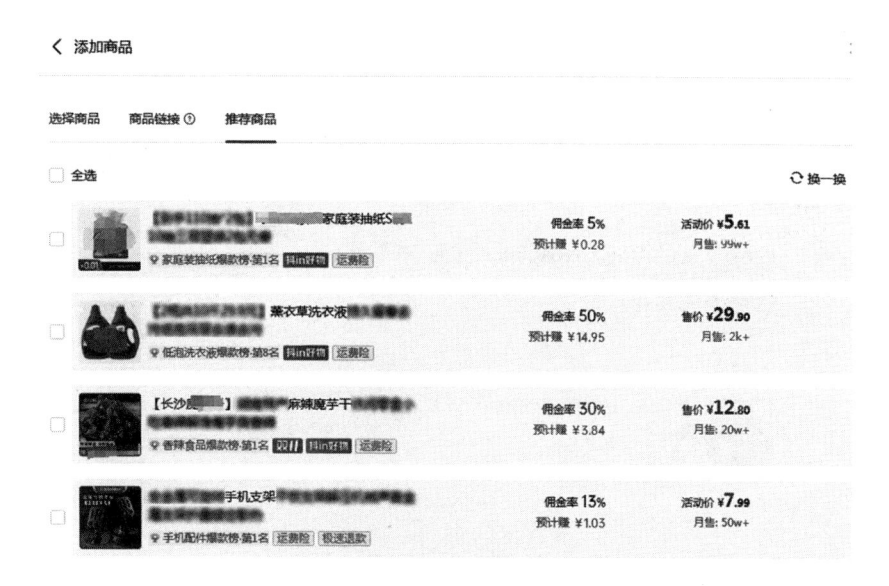

图8.19　添加商品中的推荐商品界面

（3）更改商品排序。其中有两种方法（见图8.20）。

①可以修改商品列表的序号。

②可以拖动商品列表中的任何一款商品，自由排序。

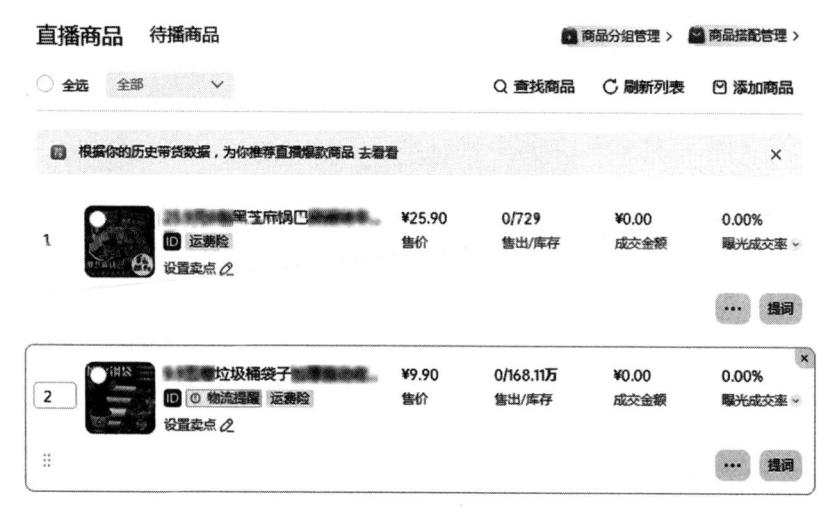

图8.20　更改商品排序界面

（4）点击商品讲解卡。点击商品列表右下角的"讲解"，直播间将弹出正在讲解的商品讲解卡，弹出时间是10秒（见图8.21）。

图8.21 直播商品讲解卡界面

（5）直播实时数据监控。我们可以看到成交金额、平均在线人数、观看成交率、UV价值、新增粉丝数。点击"大屏监控"，可以通过电商罗盘大屏数据监控直播的实时动态（见图8.22）。

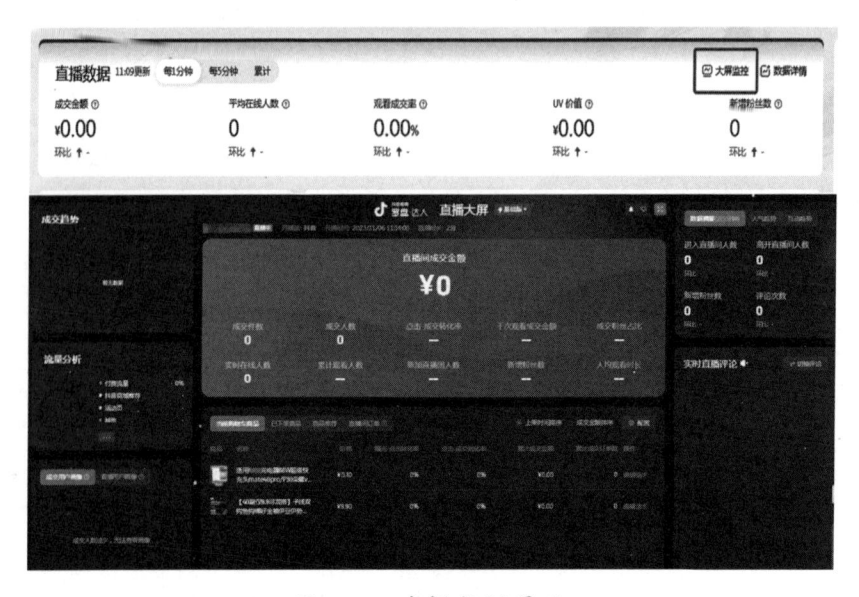

图8.22 直播数据界面

（6）直播工具具体包括以下几项（见图8.23）。

①发优惠券。

②超级福袋。

③直播推广。

④分享裂变券。

⑤发红包。

图8.23　直播工具界面

（7）给主播留言。输入消息，主播可以在主播看板上看到，可输入互动提示，商品讲解话术等（见图8.24）。

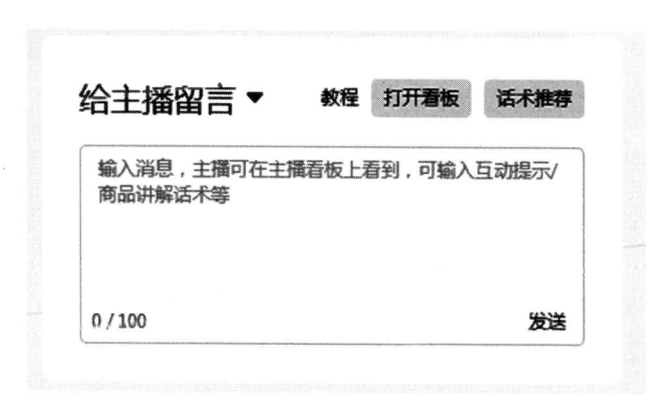

图8.24　给主播留言界面

3. 直播商品计划

（1）直播商品计划。可以提前准备待播商品，将商品计划导入直播中控台后，可以将商品依次或一键上架直播间（见图8.25）。

图8.25　直播商品计划界面

（2）创建计划。创建计划的必填项有填写计划名称（可填写列表用途、商品类目、服务品牌、主播名字等信息供快速识别），添加备注，添加待播商品（见图8.26）。

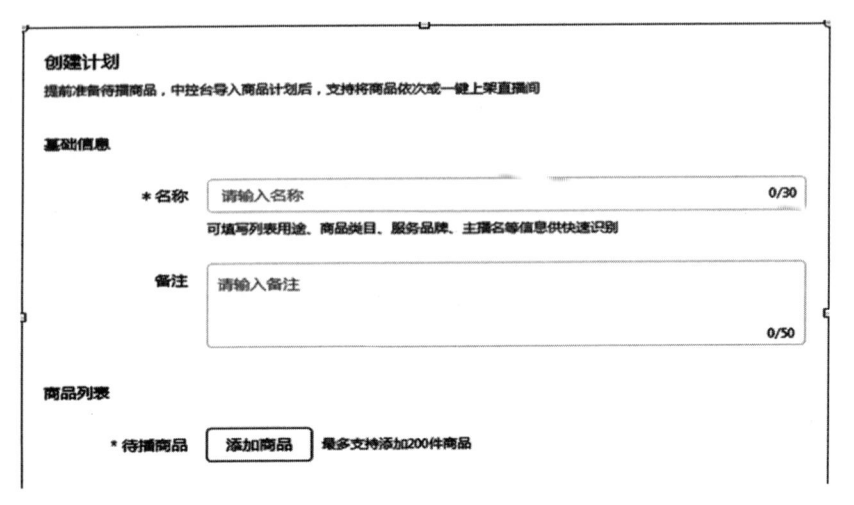

图8.26　创建计划界面

（3）我们回到直播中控台，可以在添加商品区"导入直播计划"，待播商品栏将显示刚刚添加的商品。我们可以选择"一键上架"，也可以按照直播节奏选择单个"上架"（见图8.27）。

图8.27 一键上架和上架界面

4. 直播间发券

（1）发券种类：店铺券、平台券、主播券、支付券（见图8.28）。

（2）店铺券需要商家先开通抖音小店。在抖音小店营销中心，商家创建好优惠券，再向达人提供优惠券券码。

（3）平台券和支付券需要抖音平台官方提供，一般在官方平台的一些活动中有所涉及。

（4）主播券一般是达人自己创建的优惠券。达人给用户更多的优惠，自己承担优惠券的成本。

图8.28 本场直播优惠券界面

5. 脚本预审

（1）达人将运营人员预先撰写的脚本通过脚本预审功能上传至平台，进行预审（见图8.29）。一般预审的时间是2~10分钟。

（2）平台会根据提交的脚本内容预审出相关违禁词，运营人员下载预审后的脚本，进行有针对性的脚本修改。

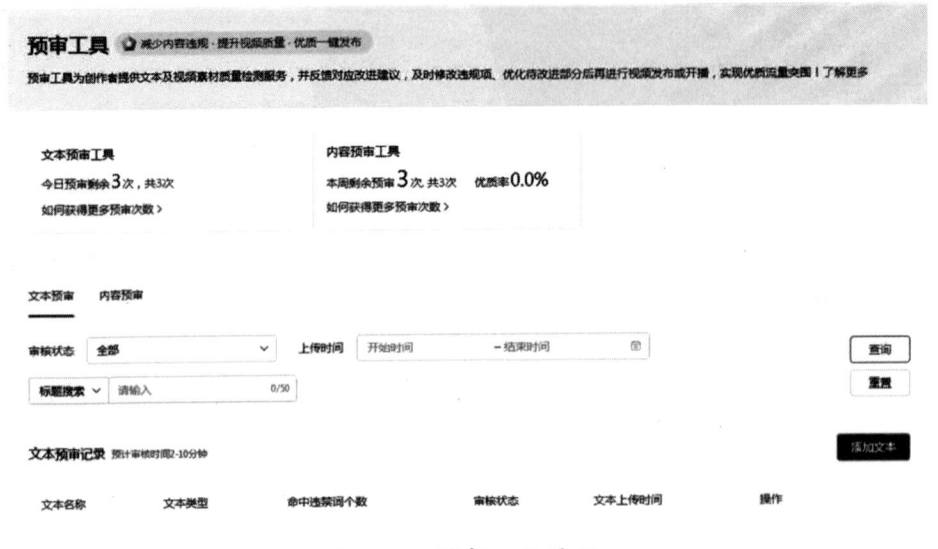

图8.29 预审工具界面

6. 直播设置

（1）商品设置（见图8.30）。

①商品添加位置："置顶"或"置底"，一般选择置顶较多，这样，新商品可以快速被用户看到。

②尺码表展示设置："展示"或"不展示"。若不展示，将不在直播间右上角展示服饰/鞋类商品对应的尺码表信息。

③直播商品保留："开启"或"关闭"。开启后，关播时自动保留最近一场直播结束时刻商品（福袋、拍卖等特殊商品除外）。

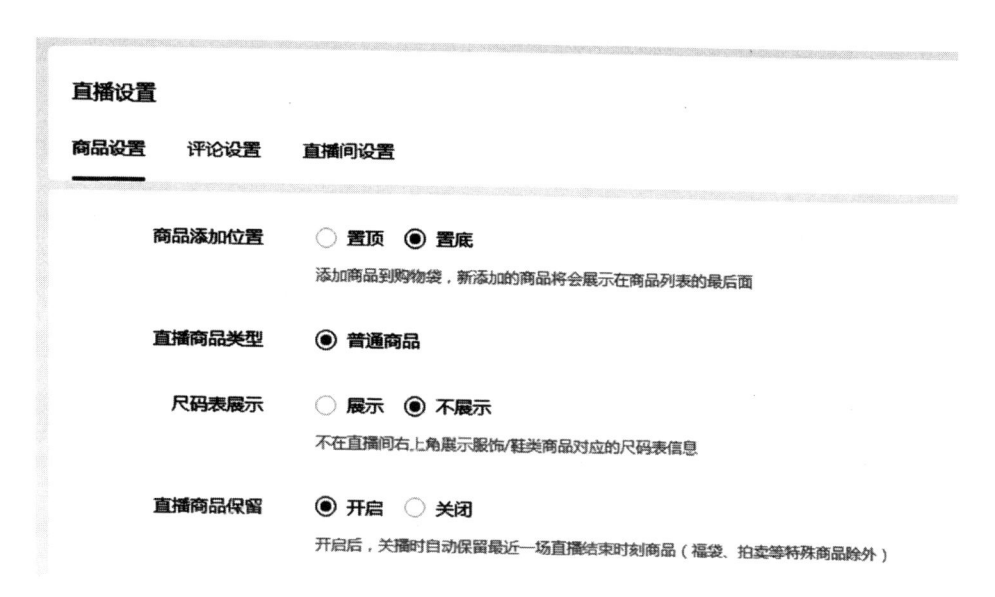

图8.30 商品设置界面

（2）评论设置（见图8.31）。

①快捷用语：提前编辑好常用的直播间公屏互动话术，在直播时间可快捷发送，最多可创建10条。

②自动回复：提前编辑好常用的直播间公屏互动话术，在直播时可自动回复用户评论，最多可创建50条。

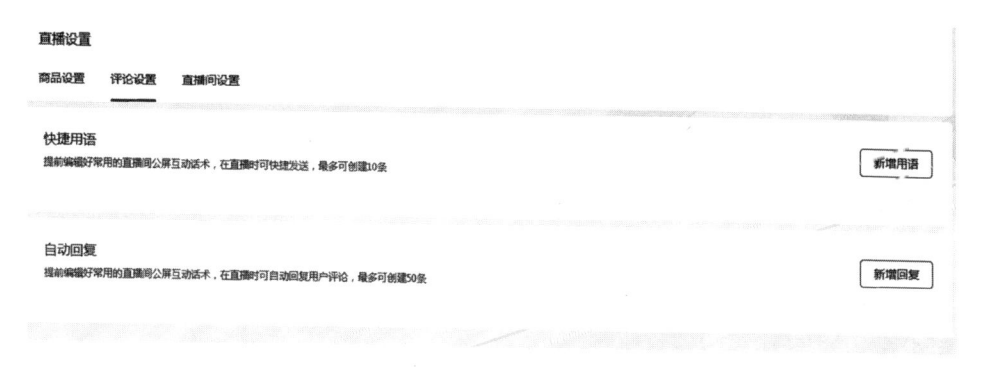

图8.31 评论设置界面

（3）直播间设置（见图8.32）。

①设置粉丝团模式：开启"直播粉丝团"或开启"购物粉丝团"。

②直播品牌专场："开启"或"关闭"，开启后，直播间将只能添加合作店铺品牌的商品，小黄车中展示店铺入口。直播中添品后不可关闭，直播结束后为你自动关闭。

③资料卡展示设置：展示直播荣誉，便于观众加入粉丝团，了解直播能力；展示店铺/橱窗，便于观众进店/橱窗购物，提升店铺/橱窗的销量和曝光。

图8.32　直播间设置界面

7. 直播诊断

直播诊断是指平台会根据达人的带货赛道以及同等级的达人数据为直播间做出一个客观的诊断，达人根据平台提出的意见做出对应的改进和优化。

8.1.3　抖音小店（抖店）

1. 点击店铺"经营账号管理"，绑定一个抖音的"店铺官方账号"（见图8.33）。

第8章 软件实操

图8.33 店铺官方账号绑定界面

2. 点击"店铺""店铺信息设置",签署所有合同协议(见图8.34)。

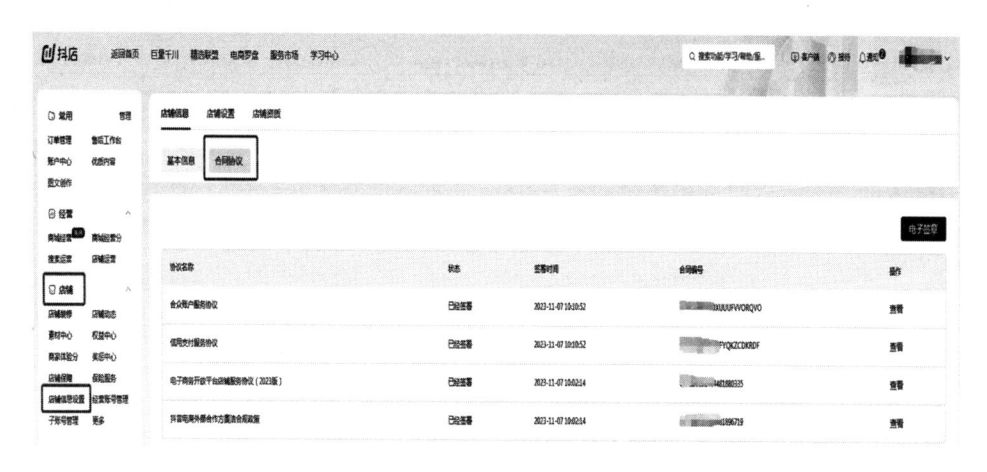

图8.34 签署合同协议界面

3. 点击"店铺""奖惩中心",完成"新手十字星"的考试任务(见图8.35)。

4. 点击"店铺""店铺保障""防控中心"(见图8.36),完善所有防控功能,保障经营安全。

图8.35　新手十字星考试任务界面

图8.36　防控中心功能完善界面

5. 点击"店铺""运费险"。开通店铺专属品牌权益的"安心购"，基础权益中的"未发货极速退款""价格保护""运费险"（见图8.37）。

6. 点击"接待"（见图8.38），开通飞鸽客服设置。

（1）点击"客服管理""基础设置"开启"单聊声音"提醒和"单聊弹窗提醒"（见图8.39）。

第8章 软件实操

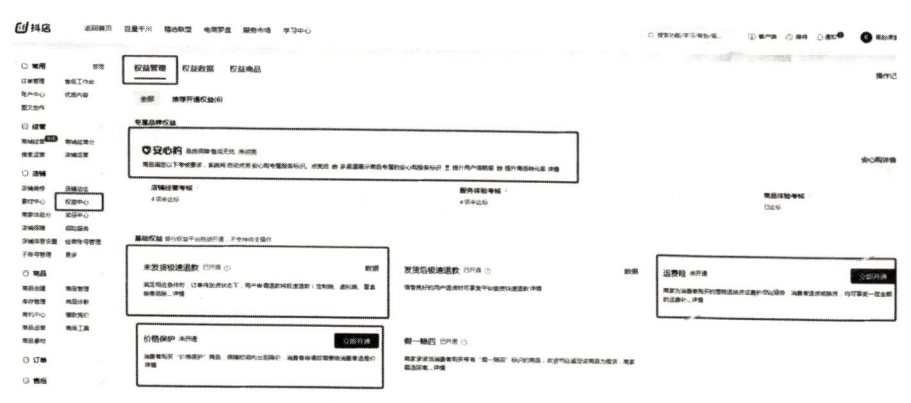

图8.37 权益开通界面

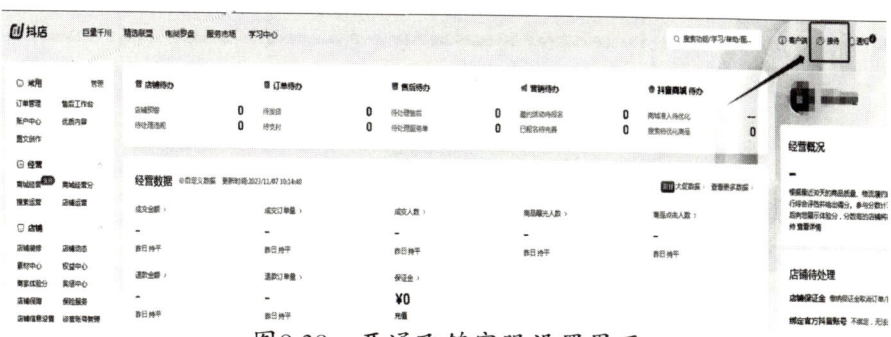

图8.38 开通飞鸽客服设置界面

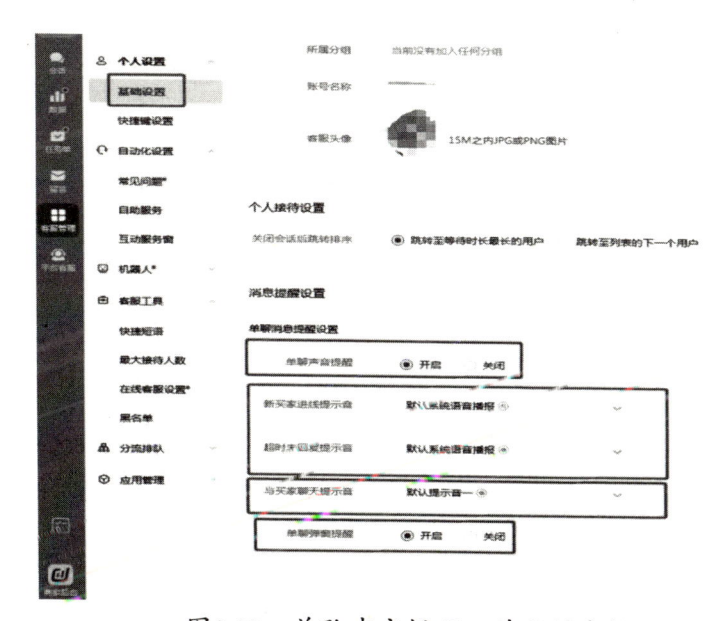

图8.39 单聊声音提醒、单聊弹窗提醒设置界面

（2）新店关闭"机器人"功能（见图8.40）。

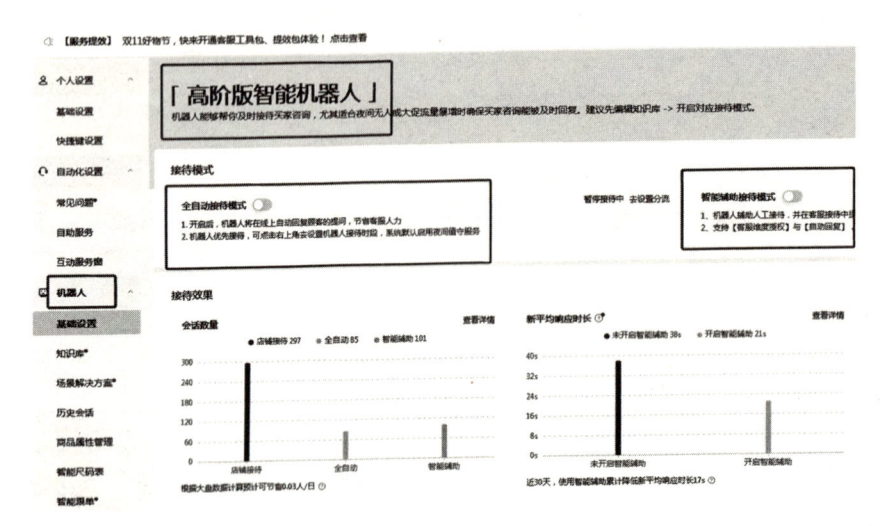

图8.40　关闭机器人界面

（3）点击"自助服务"，开启"催拍功能"（见图8.41）。

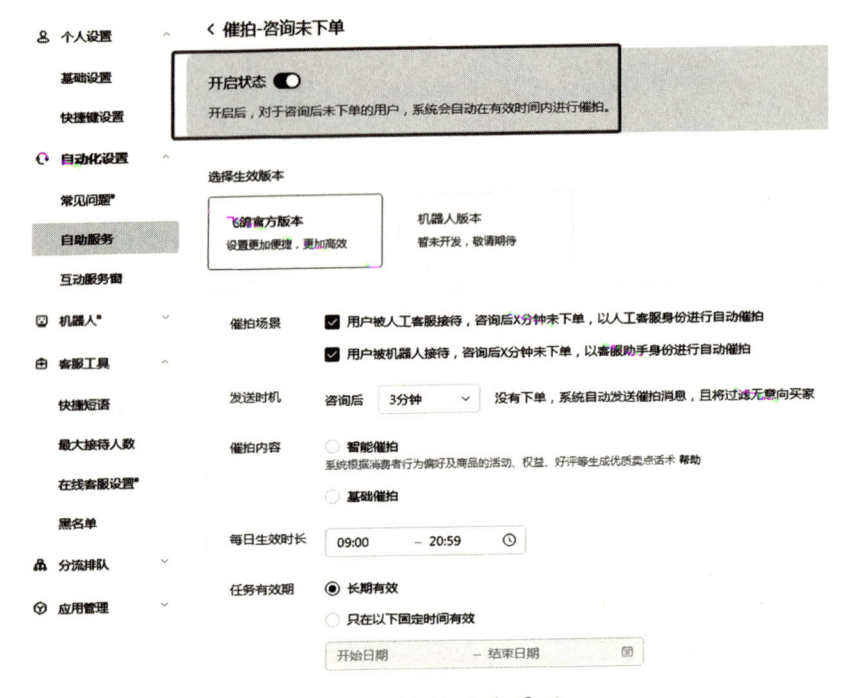

图8.41　催拍功能界面

（4）点击"客服管理"中的"自助服务"，开启"自助核对修改地址"（见图8.42）。

图8.42　自动核对修改地址界面

（5）点击"客服管理"中的"自助服务"，开启"打款通知"（见图8.43）。

图8.43　"打款通知"界面

（6）点击"物流工具"，设置"运费模板"，点击"地址库管理"，新建默认发货和退货地址（见图8.44）。

图8.44　运费模板、地址库管理设置界面

（7）点击"店铺设置"中的"客服电话设置"，设置售后电话（见图8.45）。

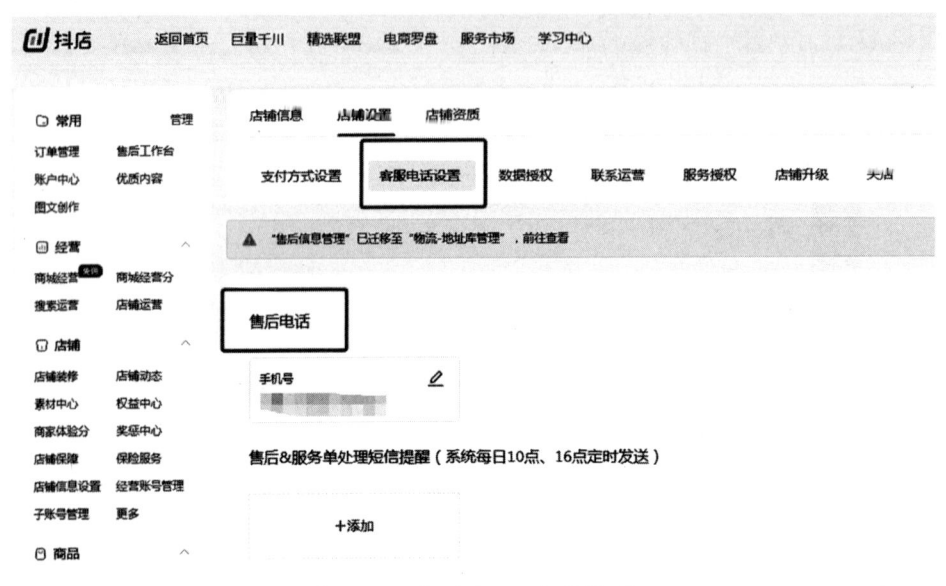

图8.45　客服电话设置界面

（8）点击"售后""小额打款"，开通"小额打款"功能（见图8.46）。

图8.46 小额打款界面

（9）点击"订单""电子面单"，开通电子面单（见图8.47）（电子面单是一项帮助商家高效、低成本获取快递单号、打印面单的物流服务。在商家通过平台开通电子面单服务，联系快递网点进行审核，并完成充值后，即可使用打单工具打印快递面单，完成发货。）

图8.47 电子面单界面

（10）点击"店铺""店铺装修"进行商品上架（见图8.48）。

图8.48　店铺装修界面

第 9 章

直播复盘

/ 学前提示 /

　　直播复盘是直播过程中一件很重要的事情。很多人误认为直播复盘是主播的事情，其实复盘关系到的人员还有直播操盘手、运营人员、场控人员、客服、短视频团队人员等。

　　数据是一种结果，分析数据可以找到产生结果的原因。本章将从互动数据、电商数据、流量数据、投放数据、短视频数据五个角度，来分析判断直播过程中存在的问题以及值得学习的地方。

　　营销漏斗是用户从进入直播间到下单购买全过程的行为路径。营销漏斗的核心是五维四率，本章将重点讲述五维四率与直播复盘的关系。

9.1 关于复盘

直播复盘指的是针对直播数据进行综合分析，通过分析结果，修改或完善本次或下次的直播。数据好的地方进行复制和放大，数据不好的地方进行规避和改进。

直播复盘分为实时复盘和播后复盘。实时复盘指的是在直播过程中，发现问题并找出问题原因，实时地调整和优化当前的直播；播后复盘指的是在直播结束后，通过分析直播相关数据，找出本场直播中的问题，更好地完成下一场直播。

9.1.1 复盘意义

直播复盘的本质就是直播团队的自我反省和扬长避短。笔者将复盘的意义总结为如下三点。

第一，通过实时复盘及时地调整本场直播的策略和技巧。运营人员要通过直播大屏的实时数据及时地与主播、场控人员、付费投流人员保持沟通，实时优化直播画面、排品策略、投流计划等，拿到更优的直播结果。

第二，通过播后复盘归纳和总结本场直播的各项数据。对直播前设定的目标进行对比和分析，找出本场直播的问题，并制定下一场直播的改进策略，助力完成下一场直播。

第三，通过直播复盘，直播操盘手进一步优化直播脚本，形成一套全流程SOP（Standard Operating Procedure，标准作业程序）落地方案。当直播操盘手在后期拓展新的直播间和赛道时，这套成功的复盘经验可以有效地降低拓展风险。

9.1.2 复盘角色

直播复盘不是直播操盘手一个人的事情，也不是主播一个人的事情，而是整个直播团队的事情。

  主播是一场直播的核心人物。直播间的曝光进入率与主播的状态、节奏有关；用户的进入停留率、互动率（转粉率、转团率、点赞率、评论率、转发率）与主播的活动话术、互动话术有关；商品的点击率与主播的点击引导话术有关；订单创建率、商品成交率与主播的讲品话术、促销话术、逼单话术、打消顾虑话术等有关；直播间的场观、流速、在线流量峰值与主播的互动能力、流量承接能力、主播转化能力等有关。

  运营人员主要负责一场直播的主播人设定位、账号搭建、选品组品、直播脚本策划、直播场景搭建、开播前准备、中控台操作等工作。运营人员通过直播大盘中的成交密度、OPM值，可判断出爆款福利品；通过用户的进入停留率、互动率（转粉率、转团率、点赞率、评论率、转发率），可判断出爆款引流品；通过电商数据的商品点击率、商品成交率，可判断出爆款利润品。商品的曝光率与运营人员点击商品讲解卡的频次直接相关；商品的点击率也与商品的主图、标题、卖点直接相关；直播间曝光进入率与直播间的创意场景、明亮的灯光、吸引人的直播贴片等直接相关。

  场控人员主要负责直播间商品陈列、商品递接、用户互动、"黑粉"清理、公屏控评、打单引流提醒等工作。场控人员需要通过直播大盘的在线流量峰值及时地通知主播打单。当直播间流量急剧下跌时，场控人员需要及时地提醒运营人员发福袋，提醒主播返场引流品等。

  客服通过飞鸽平台为用户提供答疑解惑服务，及时地与用户保持联系，催促用户付款、确认收货、给商品好评。成交转化率与客服的及时回复、催促付款等有很大的关系。抖音小店的体验分，除了跟商品的质量、物流服务有关，还与客服的及时回复、好评返礼、异常物流跟进等直接相关。

  短视频团队包括短视频编导、短视频拍摄人员、短视频剪辑人员、演员等。短视频的日常播放量、完播率、评论率、转发率、转粉率等数据与短视频编导的脚本策划、短视频拍摄人员和剪辑人员的拍摄、剪辑的专业能力，演员的人设匹配，演员的表现力有很大的关系。短视频的完播率还与黄金前3秒有关，直播间的点击率与短视频内容中商品卖点的塑造，使用场景的营造等有关。

9.2 数据化复盘

数据化复盘是指通过分析直播大盘中的相关数据，根据数据的达标完成情况找出问题原因，做出调整方案，优化本场直播并指导下一场直播。

9.2.1 互动数据

互动数据包括场观（累计观看人数），人数峰值（开场峰值、下播峰值、平均峰值、人气峰值），弹幕总数，评论人数，新增粉丝数，转粉率，粉丝团总人数，本场点赞，平均停留时长（见表9.1）。

表9.1 互动数据

互动数据复盘			
互动指标	关键因素	问题记录	复盘结论
场观	流量精准度 选品吸引力 商品展现力 营销活动力 主播引导力		
人数峰值	^		
弹幕总数	^		
评论人数	^		
新增粉丝数	^		
转粉率	^		
粉丝团总人数	^		
本场点赞	^		
平均停留时长	^		

1. 场观（累计观看人数）这项数据决定了直播间在赛马机制中获得的奖励推流的规模，即所处流量池的等级。这项数据可以衡量主播的互动能力以及流量承接能力。我们可以根据这项数据筛选出互动能力和流量承接能力强的主播。通过不同主播的不同优势，将主播安排在合适的直播时期。

2. 人数峰值（开场峰值、下播峰值、平均峰值、人气峰值）这项数据决定了直播间的人气。开场峰值由上一场直播的初始权重决定，上一场直播的下播峰值决定下一场直播的开场峰值。平均峰值由本场直播的实时权重决定，当平均峰值一般在50人左右时，直播间就具备了基本的带货能力。

3. 弹幕总数、评论人数这两项数据反应了直播间用户的互动情况。弹幕总数和评论人数决定了直播间的人气指数，从而影响直播的实时权重。当两项数据的数值较低时，主播需要调整互动话术，通过引流品憋单、福袋抽奖等方式引导用户参与评论。

4. 新增粉丝数、转粉率、粉丝团总人数这三项数据反应了直播间的拉新能力。转粉率大于等于5%为优秀，当转粉率低于5%时，主播需要在互动话术中进行引流品憋单，塑造引流品的价值，向用户发起转粉的行动指令；运营人员需要发福袋，同时将领取条件设置为仅粉丝领取。

5. 平均停留时长这项数据反应了直播间的留人能力。平均停留时长越长，直播间越吸引人。平均停留时长大于等于1分钟为及格，超过3分钟为优秀。当平均停留时长低于1分钟时，运营人员需要发福袋，主播需要适当地进行引流品憋单。

9.2.2　电商数据

电商数据包括GMV、客单价、GPM、UV价值、退款率、退款人数、商品成交数、商品成交人数、成交转化率（见表9.2）。

表9.2 电商数据

电商数据复盘			
电商指标	关键因素	问题记录	复盘结论
GMV	流量精准度 选品吸引力 商品展现力 营销活动力 主播引导力		
客单价	~		
GPM	~		
UV价值	~		
退款率	~		
退款人数	~		
商品成交数	~		
商品成交人数	~		
成交转化率	~		

1. GMV这项数据的增长趋势可以反应出直播间是否打造出爆款。当直播大盘中的GMV里指数级增长的时候，一定是某款商品被打爆了。接下来，短视频团队需要重点拍摄这款商品；付费投流人员需要重点投放这款商品的巨量千川计划；主播需要重点推出这款商品。

2. 客单价这项数据反映了直播间用户的购买水平。客单价的高低影响了直播间成交标签。低客单价将给直播间打上低价标签，不利于后期高客单价商品的成交。所以，对于客单价较低的直播间，运营人员需要适当调整选品策略。通过提高利润品、福利品的客单价以及设置商品的套餐组合，提升直播间的整体客单价。

3. GPM这项数据指的是每千人观看所成交的金额，反映了直播间流量的质量。直播间流量的质量与直播间标签的精准度有关，一般情况下，GPM大于等于1000为优秀；GPM低于1000说明账号的模型尚未建立起来，直播间的人群垂直度还不够。这时投手在搭建巨量千川计划时，要收窄定向范围；运营人员在直播间排品时，不要轻易更改商品的垂直赛道。

4. UV价值这项数据反应了单个用户为直播间贡献的价值。UV价值越高，说明用户越愿意在直播间付费。这项数值也能够反应主播的报价策略。主播的报价策略直接决定了用户是否愿意接受高客单价的商品，当UV价值较低的时候，主播还需要进一步优化自己的报价话术。

5. 退款率、退款人数这两项数值如果比较高，就要分析直播间产生退款的原因。可能用户在不同平台比价后发现买贵了；可能物流异常，订单发货延迟；可能客服没有实时进行异常订单的物流跟进，没有与用户保持沟通；可能商品的质量存在问题，但主播过于夸张地描述。这些原因都需要直播团队在复盘时具体分析。

6. 商品成交数、成交人数这两项数据的增长，可以帮助直播团队判断出直播间的引流品和福利品。在直播过程中，如果某款商品集中成交，成交密度非常大，那么这款商品就是爆款福利品；在直播过程中，如果某款商品的成交金额不高，但直播间的互动数据呈增长趋势，那么这款商品就是引流品。因此，通过直播大盘的数据就可以筛选出直播间的引流品和福利品。

7. 成交转化率=商品成交数÷点击数×100%。成交转化率低可能因为主播的讲品话术、逼单话术、促销话术、打消顾虑话术的表达不到位；成交转化率低也可能因为短视频内容的投放人群不垂直，巨量千川计划的定向设置较宽，导致引入直播间的流量不精准。

9.2.3 流量数据

流量数据包括直播推荐、视频推荐、关注、同城、其他、付费流量（见表9.3）。

表9.3 流量数据

流量数据复盘			
流量来源	占比	人数	问题记录	复盘结论
直播推荐				
视频推荐				
关注				
同城				
其他				
付费流量				

1. 直播推荐：用户从直播的推荐页面进入直播间。

2. 视频推荐：用户从视频头像呼吸灯进入直播间。

3. 关注：用户从主播关注页进入直播间。

4. 同城：直播间开启同城定位，用户从同城页进入直播间。

5. 其他：用户主要从直播广场或者站外引流进入直播间。

6. 付费流量：直播间的流量来自付费投流，如抖加（DOU+）投流、巨量千川投流、小店随心推投流等。

当直播间采用的起号机制是引流品憋单起号或福利品抽奖起号时，我们需要分析直播推荐的流量数据；当直播间采用的起号机制是短视频起号时，我们需要分析视频推荐的流量数据；当直播间采用的起号机制是付费投流起号时，我们需要分析付费流量中的流量数据。

直播间的曝光进入率下跌，有时候是直播间的曝光量急剧增长导致的。例如，当直播推荐的流量或视频推荐的流量暴增时，直播间的进入人数没有对应的增长，那么整体的曝光进入率就会下跌。所以直播间的曝光进入率低并不是只有直播间不够吸引人这一种原因。

9.2.4 投放数据

投放数据一般包含直播时长、场观、小店随心推消耗额、小店随心推成交额、小店随心推ROI、巨量千川消耗额、巨量千川成交额、巨量千川ROI。

表9.4 投放数据

\multicolumn{11}{c}{投放数据复盘}
场次	直播时长	场观	小店随心推消耗额	小店随心推成交额	小店随心推ROI	巨量千川消耗额	巨量千川成交额	巨量千川ROI	问题记录	复盘结论
1										
2										
3										
4										
5										

1. 直播时长：一场直播的总时长。

2. 场观：一场直播的观众总数，即累计观看用户数。

3. 小店随心推消耗额：用于投放小店随心推的消耗金额。

4. 小店随心推成交额：通过小店随心推成交的订单金额。

5. 小店随心推ROI=小店随心推成交金额÷小店随心推消耗金额。

6. 巨量千川消耗额：用于投放巨量千川的消耗金额。

7. 巨量千川成交额：通过巨量千川成交的订单金额。

8. 巨量千川ROI=巨量千川成交额÷巨量千川消耗消耗额。

9.2.5 短视频数据

短视频数据包括短视频标题、完播率、总播放量、直播新增播放量、导流人数、视频进入率。通过分析这些数据，短视频团队可以筛选出爆款短视频，并及时翻拍。针对爆款短视频，付费投流人员需要重新重点搭建投放计划，并及时盯盘；主播需要重点推出爆品，增加爆品的讲解时间和返场次数。

表9.5 短视频数据

场次	短视频标题	完播率	总播放量	直播新增播放量	导流人数	视频进入率	问题记录	复盘结论
1								
2								
3								
4								
5								

表格标题：短视频数据复盘

1. 短视频标题：短视频标题包括活动缘由、商品卖点、促销活动等信息。

2. 完播率：完播率由短视频的黄金前3秒、商品核心卖点、商品使用场景、促销活动、创意直播场景等因素综合决定。

3. 总播放量：总播放量是指直播团队发布的所有短视频的播放量总和。

4. 直播新增播放量：导流进入直播间的短视频播放量总和。

5. 导流人数：导流人数是指通过短视频头像呼吸灯进入直播间的人数。这项数据一般与短视频内容的质量、结尾的引导有关。

6. 视频进入率：视频进入率=导流人数÷总播放量。视频进入率除了与短视频结尾的引导有关，还与巨量千川的人群定向有关。通过巨量千川定向筛选的人群越精准，进入直播间的人数就越多。同时，视频进入率与商品的卖点有关。商品的卖点越新颖，用户对商品越感兴趣，他们进入直播间的概率就越大。

9.3　营销漏斗复盘

在巨量百应后台，我们点击某场直播的列表详情，就可以看到一个成交转化漏斗，笔者将其称为"营销漏斗"。

营销漏斗包含五维四率。五维是指直播间曝光人数、直播间进入人数、商品曝光人数、商品点击人数、商品成交人数；四率是指曝光进入率、商品曝光率、商品点击率、点击支付率（见图9.1）。

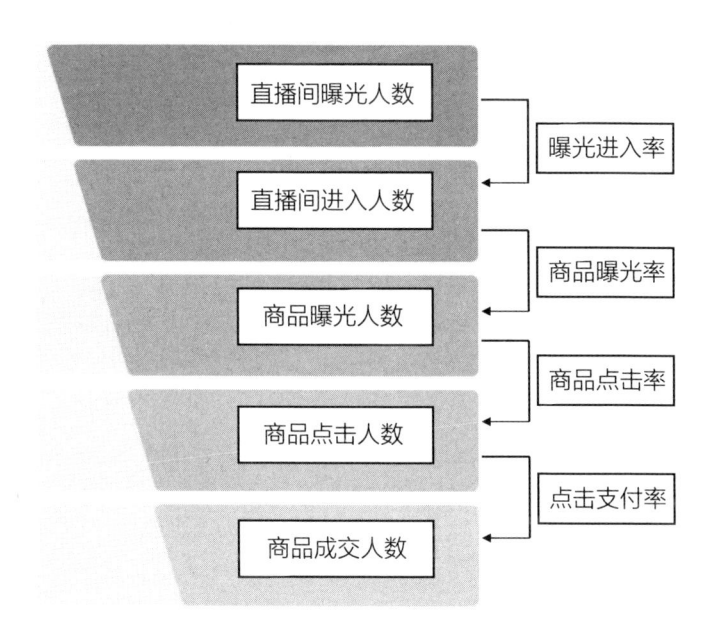

图9.1　营销漏斗

五维四率

接下来，笔者将详细讲述五维四率与直播复盘之间的关系。

1. 曝光进入率

直播间被展示在用户面前一次，即被曝光一次。直播间的展示次数，即曝光次数。直播间被曝光后需要用户点击进入，所以直播间需要被足够曝光，还需要有用户有点击进入的意愿。

曝光进入率=直播间进入人数÷直播间的曝光人数×100%。影响直播间曝光进入率的因素有如下六点。

第一，创意直播场景能使用户产生视觉冲击力，这种场景将吸引用户进入直播间。

第二，直播间的灯光明亮，直播画面没有卡顿延迟。

第三，直播间主播的话术具有吸引力，主播的情绪和状态具有感染力。

第四，直播间公屏所呈现的活动标题和直播贴片具有足够的吸引力，且能够让用户第一眼就看得见。

第五，当主播开始讲品时，要在2分钟内使用户了解商品的特色。用户只有明确直播间售卖的商品，才会判断自己是否需要，从而决定是否进入直播间。

第六，短视频的黄金前3秒决定完播率。短视频中对于商品核心卖点的塑造，商品使用场景的营造等综合因素将影响直播间的曝光进入率。

2. 商品曝光率

商品曝光率=商品的曝光人数÷直播间的进入人数×100%。商品曝光人数是指通过各种渠道累计曝光的商品被看到的用户数量。而直播间的进入人数即场观。

一般情况下，商品通过直播间弹屏商品讲解卡的形式进行曝光。运营人员需要在直播过程中在巨量百应的直播中控台点击商品的讲解按钮。点击一次，商品讲解卡的弹出时间为10秒。当商品曝光率低于90%时，一定是运营人员没有按照主播讲品的节奏进行点击。

3. 商品点击率

商品点击率=商品的点击人数÷商品的曝光人数×100%。商品点击率包括购物车点击率、商品讲解卡点击率、商品链接点击率。

购物车点击率

购物车点击率=购物车点击人数÷商品的曝光人数×100%。购物车点击率是电商行为指数中权重最高的指数。用户只有点击购物车，直播间才有可能产生交易。那么，哪些因素会影响用户点击购物车？

第一，主播通过话术引导用户点击购物车的频次是主要因素。主播引导的频次越多，用户点击购物车的次数也会越多。除了主播的话术引导，在虚拟绿布直播间，美术编辑设计的动态箭头贴纸也很重要。有时候，场控人员可以现场演示如何点击购物车。

第二，当主播在讲品时，通过营造商品的使用场景，充分地塑造商品卖点，与场控人员、运营人员有效配合，能够制造一种抢购的氛围，这种氛围会促使用户点击购物车。

商品讲解卡点击率

商品讲解卡点击率=弹屏讲解卡点击人数÷商品的曝光人数×100%。

用户点击商品讲解卡可以直接进入商品详情页。而用户点击购物车需要再点击商品链接才能进入商品详情页。所以，商品讲解卡可以缩短用户触达商品的步骤，有助于优化用户的购物体验。

商品链接点击率

商品链接点击率=商品链接点击人数÷商品的曝光人数×100%。用户点击直播间购物车可以进入商品列表。当用户对某个商品感兴趣时，就会点击商品列表中的商品链接。那么，哪些因素会影响用户点击商品链接？

第一，主播的讲品话术使用户对主播产生了信任，对商品感兴趣，产生了购买需求，并喜欢这个商品。主播的报价策略使用户接受了商品的价格。同时，直播间的促销活动深深地吸引了用户。以上这些都会激发用户对商品链接的点击意愿。

第二，商品列表展示的商品主图、标题、卖点、优惠价格将影响用户点击商品链接。这些因素都需要专业的运营人员和美术编辑共同优化。

4. 点击支付率

点击支付率=商品的成交人数÷商品的点击人数×100%。点击支付率也称为D-0率。点击支付率与直播间的流量规模、质量、选品、主播话术等因素有关。

第一，点击支付率与直播间的流量规模和质量有关。流量规模越大，点击支付率相对越高；流量越精准，流量质量越高，点击支付率也相对越高。

第二，点击支付率与直播间的选品有关。在直播的冷启动期，如果引流秒杀品选得好，运营人员放单后能快速成交。在流量承接期，如果承接福利品选得好，主播能承接住奖励推流，福利品能快速成交。直播间也会因高成交密度与高UV价值得到平台的第二波奖励推流，第二波奖励推流又直接影响了利润品的成交转化。在测爆款期，爆款利润品将直接关系整场直播的GMV和点击支付率。

第三，点击支付率与主播话术有关。主播科学的话术结构一定是符合营销思维和用户购买心理的。主播专业的讲品能力、科学的报价策略，主播主动打消用户的顾虑将获得用户足够的信任，让用户没有后顾之忧，促使直播间创造出高点击支付率。